진짜! 독해의 기술

콩나물쌤이 꼭꼭 다져주는

단단한 문해력 4

서사원 주니어

글을 잘 읽기 위해서는 독서량만큼이나 독해의 기술이 중요합니다. 단순히 많이 읽기에 앞서 어떻게 읽어야 하는지 알고 읽어야 한다는 말이지요. 자동차 수리 기술을 익혀야 자동차를 고칠 수 있는 것처럼 독해 기술을 익혀야 글을 잘 읽을 수 있습니다.

그런데 안타깝게도 대부분의 아이들은 글을 잘 읽는 기술이 없습니다. 그냥 글을 읽을 뿐 '어떻게' 읽어야 하는지 방법을 모르는 겁니다. 쉬운 글일 때는 독해의 기술이 없어도 크게 상관이 없어요. 특별한 기술이 없어도 이해가 되니까요. 문제는 글이 어려울 때입니다. 어려운 글일수록 적절한 독해 기술을 사용해야 잘 이해할 수 있어요. 그런데 많은 아이들이 이런 독해 기술이 없어서 어려움을 겪고 있습니다.

아이가 독해에 어려움을 겪을 때 여러분은 어떻게 하시나요? 올바로 글을 파악할 수 있는 기술을 가르쳐 주신 적이 있으신가요? 아마 거의 없을 겁니다. 대부분의 부모님과 선생님은 독해의 기술을 가르쳐 주지 않으세요. 그보다는 '이 글의 내용은 이러이러한 내용이야.'라고 그냥 글의 내용을 알려 주실 겁니다. 이는 아이들의 독해력 향상에 도움이 되기 어렵습니다.

아이들은 앞으로 수천, 수만 개의 글을 읽어야 합니다. 그리고 그 중에는 필연적으로 이해하지 못하는 글이 있을 거예요. 그때마다 매번 어떤 내용인지 알려 주실 수는 없습니다. 수능 시험장까지 따라가서 알려 주실 순 없잖아요. 아이의 문해력을 키우려면 이해 못하는 글의 내용을 자꾸 설명해 주면 안 돼요. 그보다 아이 스스로 이해할 수 있도록 독해의 기술을 알려 줘야 합니다. 그래야 아이가 학교에 가서도, 시험장에 가서도, 성인이 되어서도 자기 힘으로 글을 읽을 수 있습니다.

이 책은 읽기 전, 중, 후에 사용할 수 있는 10가지 유형의 독해 기술을 훈련시켜요. 단순히 문제를 풀리기만 하는 것이 아니라 다양한 독해 기술을 습득할 수 있도록 연습시키지요. 어떤 연습을 어떻게 시키는지는 이 책의 특징에서 조금 더 자세히 설명하겠습니다.

콩하~ 안녕 친구들, 저는 콩나물쌤입니다. 여러분의 문해력을 콩나물처럼 쑥쑥 키워 줄 거라서 콩나물쌤이랍니다.

여러분은 글을 읽을 때 이해를 잘하는 편인가요? 아마 어떤 글은 이해가 잘될 거고 또 어떤 글은 이해가 잘 안되겠지요. 그런데 이해가 잘 안될 때는 어떻게 하나요? 그냥 한숨만 쉬고 머리를 쥐어뜯지 않나요?

많은 친구들이 글을 이해하기 어려우면 그냥 포기해요. 하지만 원래 어려운 글은 이해하기도 어려운 법이에요. 사실 그건 어른들도 마찬가지랍니다. 어른이라고 모든 글을 잘 이해하는 건 아니거든요. 그러니 그냥 포기하면 안 되고 이해하기 위한 노력을 해야 해요.

어려운 글이 있으면 어떻게 해야 하냐고요? 바로 이해하기 위한 기술을 사용해야 해요. 멋지게 피아노 연주를 하고 멋진 슛을 쏘는 것처럼 글을 이해하는 데도 기술이 필요하답니다.

이렇게 글을 잘 이해하기 위한 기술을 독해 기술이라고 해요. 독해 기술을 익히면 어려웠던 글들도 잘 이해할 수 있어요. 단순히 읽고 그냥 '모르겠다' 하는 것이 아니라 이해하기 위한 방법을 쓰니까 이해가 되는 거예요.

이 책에서 여러분은 글을 더 잘 이해할 수 있는 다양한 독해 기술을 배울 거예요. 이 독해 기술을 모두 익힌다면 여러분이 이해하지 못할 글은 없어요. 어려운 글을 만나도 독해 기술을 하나씩 쓰면서 천천히 이해해 나가면 되니까요. 그날까지 콩나물쌤과 함께 열심히 연습해 봐요.

자, 독해 기술을 익힐 준비 되었나요? 그럼 지금 같이 출발해 봐요~ 콩하!!

이 책은 학생들이 다양한 독해 기술을 자연스럽게 익힐 수 있도록 구성되어 있어요.
그 특징을 하나씩 살펴보겠습니다.

시리즈 4권

이 책은 1권부터 4권까지 총 4권으로 구성되어 있어요. 1권에서 4권으로 갈수록 점차 난이도가 올라가요. 지문의 길이가 조금씩 길어지고 문제도 조금씩 어려워집니다. 그래서 점점 더 난이도를 올려가며 학습할 수 있게 구성되어 있어요. 또한 각 권에서 훈련하는 읽기 기술이 약간씩 달라집니다. 다양한 독해 기술을 빠트림 없이 익히기 위해 1권부터 시작해 4권까지 차례대로 학습하는 것을 권합니다.

한 권 30일

한 권은 30일 동안 할 수 있도록 구성되어 있어요. 하루도 빠짐없이 한다면 딱 한 달이면 끝낼 수 있는 분량이죠. 매일 할 수 있다면 가장 좋을 거예요. 하지만 읽기 수준에 따라 주 5회 혹은 주 3회 진행해도 좋아요. 다만 포기하지 말고 끝까지 해야 해요. 참고로 1권은 1~30번, 2권은 31~60번, 3권은 61~90번, 마지막 4권은 91~120번으로 이루어져 있어요.

하루 1개

하루의 학습 내용은 지문과 문제로 이루어져 있어요. 지문은 1개, 문제는 6개입니다. 다만 한 문제가 꽤 길 때는 문제가 5번까지만 있기도 해요.

3개 영역 6개 갈래

지문은 크게 3개 분야로 이루어져 있어요. 바로 인문·사회, 과학·기술, 예술·체육입니다. 인문·사회는 경제, 사회, 문화, 지리, 인물, 철학·도덕으로 구성되어 있습니다. 과학·기술은 물리, 생물, 화학, 지구과학, 환경, 기술로 구성되어 있어요. 예술·체육은 음악, 미술, 체육, 기타로 구성되어 있지요. 이 시리즈와 함께라면 매우 다양한 분야의 다양한 글을 읽을 수 있을 거예요.

또한 여러 갈래의 글을 만날 수 있습니다. 설명문, 논설문, 전기문, 기행문, 편지글, 실용문 등 교과서는 물론 일상생활에서 마주치게 되는 다양한 갈래의 지문을 읽어 보세요.

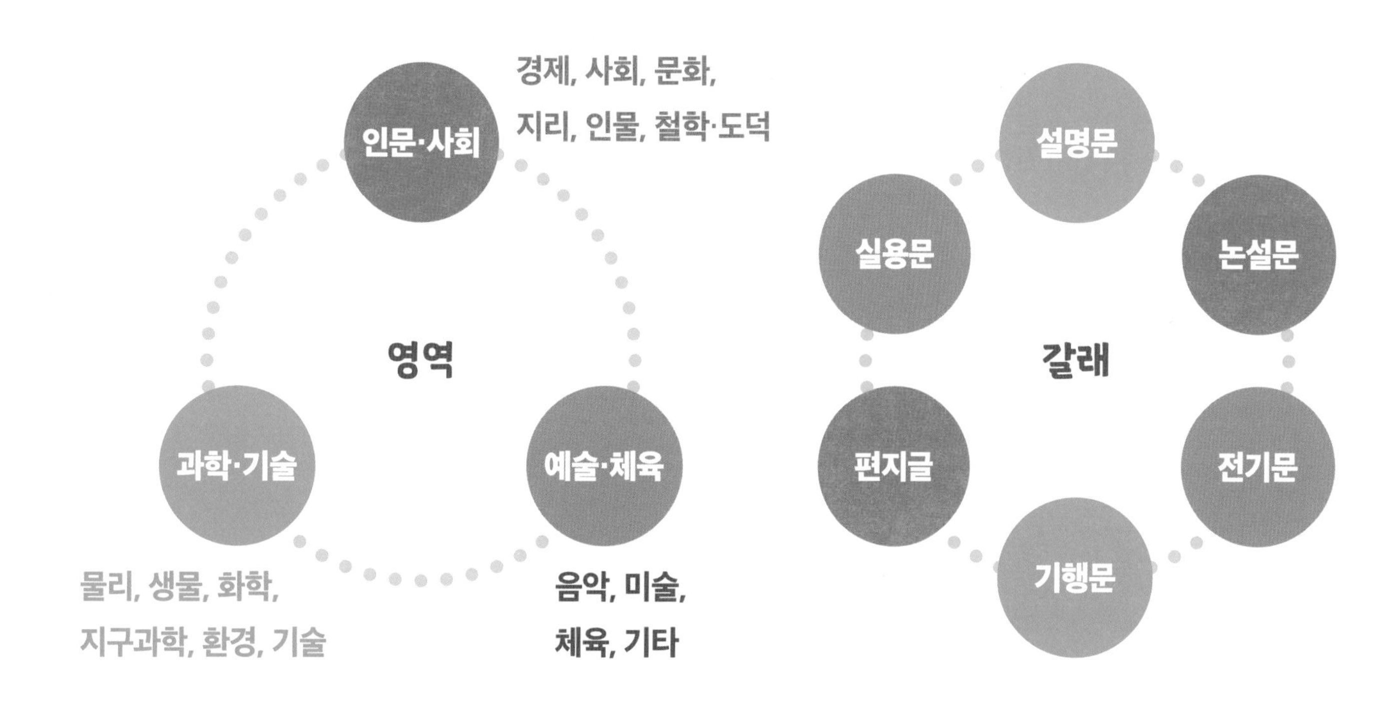

3단계 문제

문제는 크게 읽기 전, 읽기 중, 읽기 후의 3단계로 구성되어 있어요. 1번 문제는 읽기 전, 2번 문제는 읽기 중, 그리고 3~6번 문제는 읽기 후 단계예요. 문해력에 관한 연구를 보면 문해력이 좋은 사람은 그냥 글을 읽고 문제를 풀지 않아요. 읽기 전 그리고 읽는 중에 글을 더 잘 이해하기 위한 활동을 해요. 배경지식을 떠올리거나 필요한 부분에 표시를 하는 등의 활동을 합니다. 그래서 이 책에서는 읽기 후에 풀어야 하는 문제뿐 아니라 읽기 전과 읽기 중에 해야 하는 활동을 포함하고 있어요. 이를 계속해서 연습하다 보면 읽기 전과 읽기 중에 해야 하는 활동이 자연스럽게 몸에 배게 될 거예요.

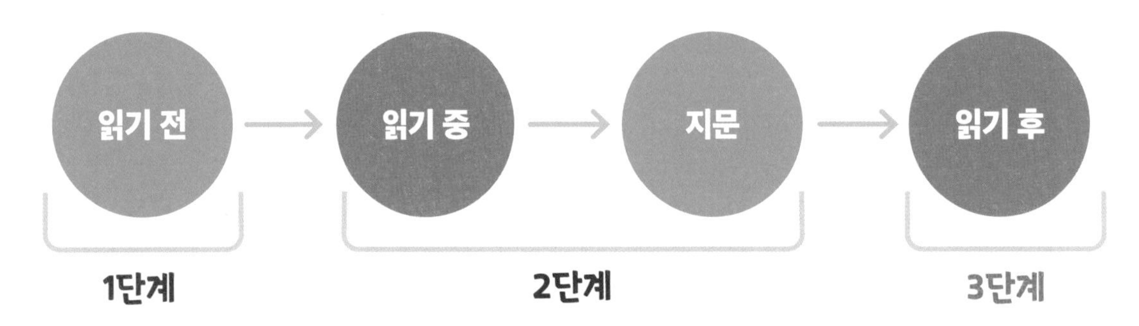

10가지 문제 유형

문제는 총 10가지 유형으로 구성되어 있어요. 유창성, 배경지식, 이해 전략, 어휘, 독해, 구조화, 그래픽 조직자, 질문, 사고력, 쓰기가 그것이에요. 크게 묶으면 10가지 유형이지만, 사실 그 아래에는 더 세부적인 유형이 있어요. 예를 들어 어휘라는 하나의 유형 안에 문맥 추론, 형태 추론, 어휘 확장, 어휘 학습, 단어 의식 등 다양한 종류의 문제가 있어요. 많은 독해 문제집이 몇 가지 유형의 문제를 계속 반복하는 것과 크게 차별화된 점이지요. 이 책만 꾸준히 학습해도 문해력에 필요한 모든 독해 기술들을 습득할 수 있습니다.

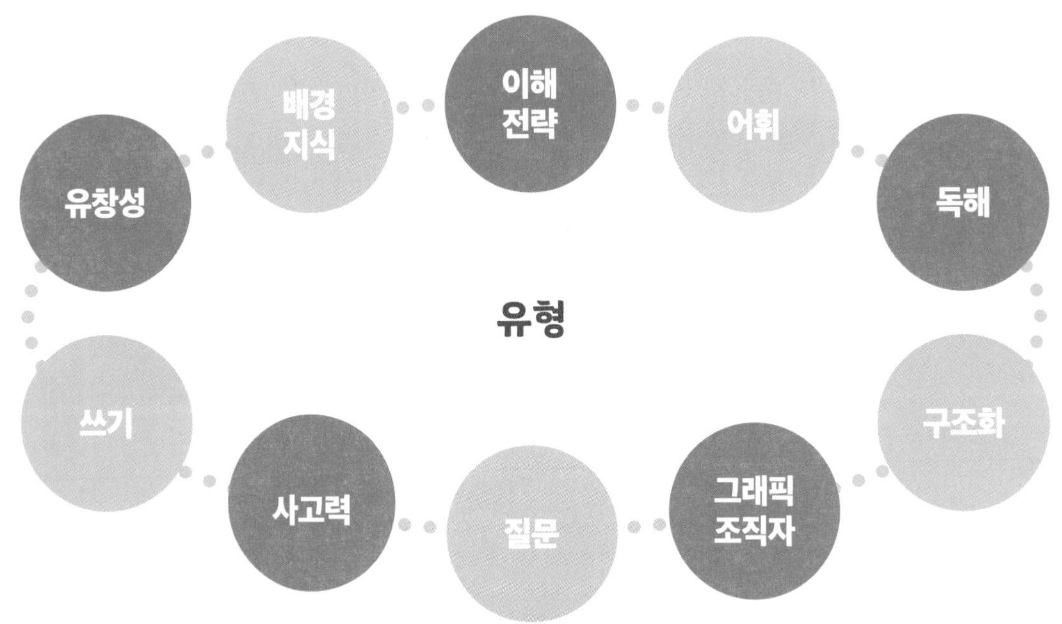

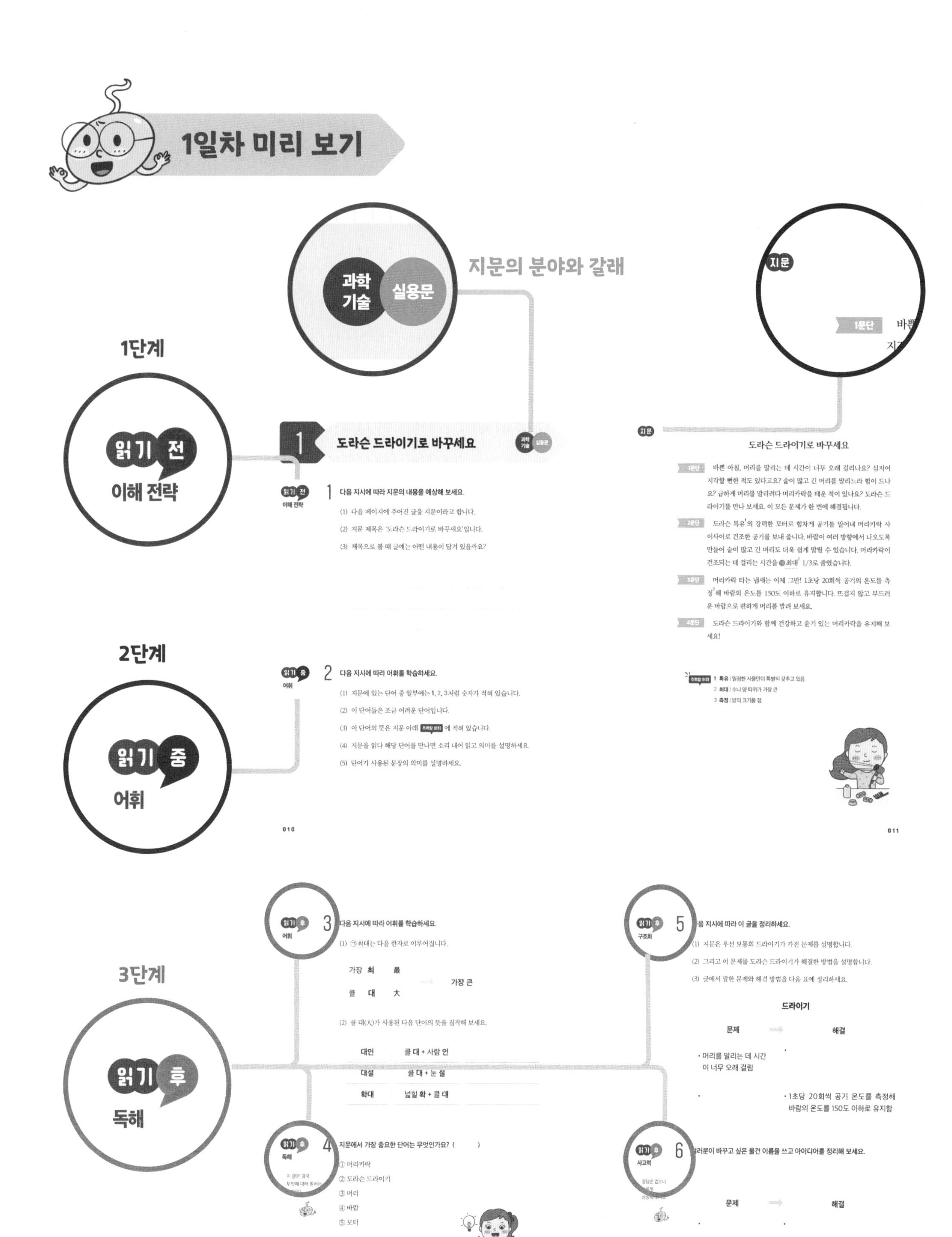

1일차 미리 보기
과학 기술
실용문
지문의 분야와 갈래
지문
1문단
1단계
읽기 전
이해 전략
1
도라슨 드라이기로 바꾸세요
다음 지시에 따라 지문의 내용을 예상해 보세요.
도라슨 드라이기로 바꾸세요
2단계
읽기 중
어휘
2
다음 지시에 따라 어휘를 학습하세요.
3단계
읽기 후
독해
3
다음 지시에 따라 어휘를 학습하세요.
가장 최 最
클 대 大
가장 큰
대인 클 대 + 사람 인
대설 클 대 + 눈 설
확대 넓힐 확 + 클 대
4
지문에서 가장 중요한 단어는 무엇인가요? ( )
① 머리카락
② 도라슨 드라이기
③ 머리
④ 바람
⑤ 모터
5
다음 지시에 따라 이 글을 정리하세요.
드라이기
문제
해결
• 머리를 말리는 데 시간이 너무 오래 걸림
• 1초당 20회씩 공기 온도를 측정해 바람의 온도를 150도 이하로 유지함
6
여러분이 바꾸고 싶은 물건 이름을 쓰고 아이디어를 정리해 보세요.
문제
해결

차례 단단한 문해력 한달 계획표

▶ 101일차, 109일차는 콩나물쌤의 강의 영상과 함께하세요.

91 좋은 지방도 있을까?

1 다음 지시에 따라 다음 문장이 진실인지 거짓인지 골라 보세요.

(1) 다음을 읽고 내용이 진실인지 거짓인지 골라 보세요.

내용	진실	거짓
모든 지방은 건강에 해롭다.		
반드시 먹어야 하는 지방도 있다.		
우리가 먹는 과자에도 지방이 들어 있다.		

(2) 지문을 읽으면서 정답을 찾아보세요.

2 다음 지시에 따라 지문을 읽으세요.

(1) 글을 나의 말로 바꾸면 이해에 도움이 됩니다.

(2) 예를 들어 다음처럼 할 수 있습니다.

문장 좋은 지방인 불포화지방산은 살기 위해서 반드시 먹어야 해요.

↓

나의 표현 **사람은 불포화지방산을 꼭 먹어야 해.**

(3) 이처럼 나의 말로 바꾸며 지문을 읽어 보세요.

지문

좋은 지방도 있을까?

1문단 사람은 누구나 건강하고 멋진 몸매[1]를 가지고 싶어 해요. 원하지 않는 군살[2]이 지방이다 보니 살이 찌지 않기 위해서 지방을 섭취[3]하지 않아야 한다고 생각하는 경우도 많지요. 하지만 이런 생각은 틀렸어요. 지방에도 좋은 지방과 나쁜 지방이 있기 때문이에요.

2문단 좋은 지방인 불포화지방산은 살기 위해서 반드시 먹어야 해요. 그래서 필수지방산이라고도 불리지요. 식물성 기름, 땅콩이나 호두 같은 견과류, 생선 기름 등이 여기 속해요. 이런 지방이 있어야 우리 몸이 세포막과 호르몬을 만들고, 뇌를 발달시키며, 지용성 비타민을 흡수할 수 있어요. 좋은 지방은 단백질이나 탄수화물보다 더 좋은 에너지원으로도 쓰인답니다.

3문단 나쁜 지방에는 포화지방산, 트랜스지방산 등이 있어요. 포화지방산은 주로 고기, 소시지, 햄 그리고 라면 등 냉장고에 넣지 않아도 고체 상태인 지방에 많이 들어 있어요. 최근에는 트랜스지방산이 문제가 되고 있어요. 트랜스지방산은 원래 액체인 식물성 기름을 오래 보존하기 위해 수소를 넣어서 쇼트닝이나 마가린 등으로 만든 거예요. 우리가 좋아하는 팝콘, 도넛, 냉동 튀김, 비스킷 등의 간식에 잔뜩 들어가 있지요. 이런 나쁜 지방은 심장병, 암, 당뇨병의 원인이 되고 우리 몸의 면역력을 낮춰요.

주목할 어휘
1 **몸매** | 몸의 맵시나 모양새
2 **군살** | 영양 과잉이나 운동 부족 때문에 찐 군더더기 살
3 **섭취** | 생물체가 양분 따위를 몸속에 빨아들이는 일

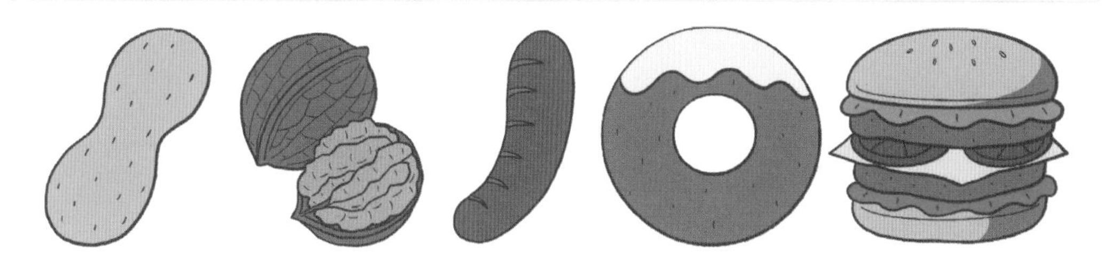

어휘

3 다음 지시에 따라 어휘를 학습해 보세요.

(1) 지용성 비타민의 뜻은 다음과 같습니다.

물을 한자로 무엇이 라고 하는지 생각해 보세요.

지	용	성	비타민	→	지용성 비타민
기름 **지**	녹을 **용**	성질 **성**	비타민		기름에 녹는 성질의 비타민

(2) 그렇다면 물에 녹는 성질의 비타민은 무엇이라고 부를까요?

독해

4 다음 문단의 제목을 보고 몇 문단인지 찾아 선으로 연결해 보세요.

패스트푸드에 들어 있는 나쁜 지방 •	• 1문단
지방에는 좋은 지방과 나쁜 지방이 있다. •	• 2문단
좋은 지방은 반드시 먹어야 한다. •	• 3문단

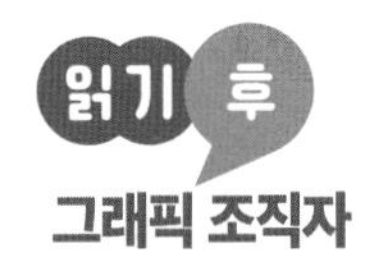

그래픽 조직자

5 다음 표를 완성해 보세요.

	좋은 지방	나쁜 지방	
이름	불포화지방산, 필수지방산	포화지방산	
음식			팝콘, 도넛, 냉동 튀김, 비스킷
작용	• 세포막과 호르몬 만들기 •	• 심장병, 암, 당뇨병 원인 •	

사고력

6 다음 지시에 따라 여러분의 생각을 쓰세요.

음식, 건강 등 관련된 다양한 내용으로 질문을 만들고 대화해 보세요.

(1) 지문을 읽으면서 생긴 질문을 쓰고, 가족과 대화해 보세요.

•

(2) 나눈 대화 중 가장 설득력 있는 내용을 글로 쓰세요.

92 수렴청정

어휘

1 다음 힌트를 보고 수렴청정의 뜻을 추측해 쓰세요.

정사란 나라를 다스리는 정치와 관련된 일이라는 뜻입니다.

수	렴	청	정
드리울 **수**	발 **렴**	들을 **청**	정사 **정**

힌트 2

이해 전략

2 다음 기호를 표시하며 지문을 읽으세요.

이렇게 표시하면 다 읽은 후 내용을 확인할 때 효과적입니다.

이미 알고 있던 사실	∨
이해 안 되는 내용	?
놀라운 사실	!

예시 어린 왕을 대신해 왕실의 여자 어른이 어린 왕을 돕거나 직접 나랏일을 돌본 거지요. ∨

지문

수렴청정

1문단 조선 시대에 너무 어린 세자가 왕이 되어 제대로 나라를 다스릴 수 없을 때는 어떻게 했을까요? 이때는 수렴청정을 했어요. 어린 왕을 대신해 왕실[1]의 여자 어른이 어린 왕을 돕거나 직접 나랏일을 돌본 거지요. 주로 왕의 어머니인 왕대비나 왕의 할머니인 대왕대비가 했어요.

2문단 수렴청정은 한자로 드리울 수, 발[2] 렴, 들을 청, 정사 정이에요. 발을 드리우고(수렴) 정사를 듣는다(청정)는 뜻이지요. 어린 왕의 뒤편에서 발을 드리운 채 대신들과 논의를 하던 모습을 나타내고 있어요. 발을 드리운 이유는 옛날의 예법에 따라 왕실 여자의 얼굴을 가리기 위해서였어요.

3문단 왕이 스스로 나랏일을 돌볼 수 있는 나이가 되면 수렴청정은 끝났어요. 정확한 나이 기준이 정해져 있는 것은 아니에요. 이르면 왕의 나이 15세 정도에 그만두기도 했어요. 바른 수렴청정으로 알려진 정희왕후의 경우 성종이 20세가 되자 수렴청정을 그만두었어요.

4문단 본디 수렴청정은 어린 왕을 도와 나랏일에 빈틈이 생기지 않도록 하려는 좋은 뜻으로 만든 제도예요. 하지만 때로는 여러 가지 문제가 생기기도 했어요. 수렴청정이 너무 오래되면서 왕의 힘이 약해지고 왕의 외가[3] 친척들이 권력을 마구 휘두르는 일이 벌어졌거든요. 수렴청정을 핑계 삼아 왕의 친척들이 나랏일을 마음대로 했던 것이지요.

주목할 어휘

1 **왕실** | 임금의 집안

2 **발** | 무엇을 가리기 위해 가늘고 긴 대를 줄로 엮어 만든 물건

3 **외가** | 어머니의 친정

어휘

3 다음 지시에 따라 세자의 뜻을 추측해 보세요.

(1) '세자'라는 단어를 이전에 들어 본 적이 있나요?

세자가 왕이 된다고 하였습니다. 그럼 세자는 어떤 의미일지 생각해 보세요.

(2) '세' 혹은 '자'라는 소리를 내는 단어나 한자를 아는 것이 있나요?

(3) 다음 문장으로 볼 때 세자는 무슨 뜻일 거라고 생각되나요?

너무 어린 세자가 왕이 되어 제대로 나라를 다스릴 수 없을 때는 어떻게 했을까요?

이해 전략

4 다음 지시에 따라 읽은 내용을 떠올려 보세요.

(1) 수렴청정에 대해 기억하고 있는 내용을 쓰세요.

읽었던 내용을 천천히 생각해 보세요.

•

(2) 글을 다시 읽으면서 놓쳤던 정보를 추가해 보세요.

5 다음 지시에 따라 수렴청정을 설명해 보세요.

(1) 친구에게 수렴청정을 설명하는 글을 쓰겠습니다.

(2) 4번에서 쓴 내용을 참고합니다.

(3) 단 4번에서 쓴 순서대로 쓰지 말고 말이 되도록 조정해 쓰세요.

6 다음 지시에 따라 여러분의 생각을 쓰세요.

(1) 수렴청정은 꼭 필요한 제도였습니다.

(2) 하지만 4문단에서 설명한 것과 같은 문제가 있을 수 있습니다.

(3) 이 문제를 예방할 방법을 생각해 보세요.

•

줄기세포를 이용한 치료

배경지식

부모님이나 친구, 형제와 이야기를 나눠 보면 좋습니다.

1 다음 단어의 뜻을 얼마나 알고 있는지 알맞은 곳에 ○표 하세요.

	전혀 모르겠음	잘 모르겠음	알고 있음	잘 알고 있음
줄기세포				
난치병				
마비				
조직				
세포				
수정란				
장기				

읽기 중

어휘

이 방법을 꾸준히 사용하면 어휘력을 가장 빨리 키울 수 있습니다.

2 다음 지시에 따라 지문을 읽으세요.

(1) 글을 읽다 보면 모르는 단어가 나오는 경우가 있습니다.

(2) 이럴 때는 그냥 지나가면 안 됩니다.

(3) 단어의 앞뒤 내용을 통해 그 단어의 뜻을 추측해 보아야 합니다.

(4) 다음 글에서 굵은 글씨로 쓰인 단어는 모두 어려운 단어입니다.

(5) 읽으면서 이 단어들의 뜻을 추측해 보세요.

지문

줄기세포를 이용한 치료

1문단 최근 **줄기세포**로 **난치병**을 고치거나 **마비**되었던 몸을 다시 움직일 수 있게 되는 사례[1]가 생기고 있어요. 줄기세포란 몸의 어떤 **조직**으로도 발달할 수 있는 **세포**를 뜻해요. 엄마 배 속에서 아기로 자라는 **수정란**은 시간이 지나면서 어떤 부분은 팔과 다리로, 어떤 부분은 심장이나 폐 등의 **장기**로 발달하게 됩니다. 이처럼 무엇이 될지 정해지지 않아 무엇으로든 변할 수 있는 일종의 만능[2] 세포를 말하는 거예요.

2문단 줄기세포의 이런 특징을 이용해 질병이나 부상을 치료할 수 있어요. 다치거나 상한 조직에 줄기세포를 넣으면 망가진 세포를 대신할 새로운 세포가 만들어지지요. 그러면 새로 만들어진 세포로 인해 상처가 치료되는 겁니다. 물론 처음에는 줄기세포가 제대로 기능하지 않는 경우가 많았어요. 심지어 암세포로 발전하는 경우도 있었어요.

3문단 하지만 지금은 사람의 다친 눈에 줄기세포를 넣어 앞을 볼 수 있게 한 경우도 있었고, 뇌의 조직이 손상[3]되는 알츠하이머병 환자에게 줄기세포를 넣어 병의 진행을 느리게 한 사례도 있었어요. 물론 아직까지는 줄기세포를 이용해 고칠 수 있는 병이 아주 많지는 않아요. 하지만 가까운 미래에는 우리 몸의 어떤 곳을 다쳐도 줄기세포를 활용해 치료할 수 있을 거라 믿어요.

주목할 어휘

1 **사례** | 어떤 일이 전에 실제로 일어난 예

2 **만능** | 모든 일을 다 할 수 있고 잘함

3 **손상** | 물체가 깨지거나 상함

어휘

3 다음 표에 추측한 단어의 뜻과 그렇게 생각한 이유를 쓰세요.

맞고 틀리는 것보다
근거를 가지고
생각을 해 보는
경험이 중요합니다.

	내가 생각한 뜻	그렇게 생각한 이유
줄기세포	몸의 어떤 조직으로도 발달할 수 있는 세포	1문단에 나와 있음
난치병		
마비		
조직		
세포		
수정란		
장기		

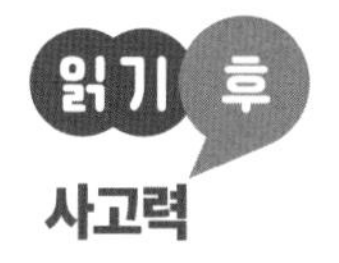

사고력

4 줄기세포를 이용한 치료의 장점, 단점, 흥미로운 점에 대해 쓰세요.

장점	단점	흥미로운 점

쓰기

5 다음 지시에 따라 줄기세포라는 이름에 대해 생각해 보세요.

글로 바로 쓰기는 어렵습니다. 말로 표현해 본 후 그 내용을 글로 정리해 보세요.

(1) 줄기세포란 몸의 어떤 조직으로도 발달할 수 있는 세포를 뜻합니다.

(2) 왜 이런 세포를 줄기세포라고 할까요?

(3) 식물의 줄기가 어떻게 변하는지 떠올려 보세요.

(4) 줄기세포를 줄기세포라고 부르는 이유를 생각해 보고 글로 쓰세요.

94 법과 관련한 직업

읽기 전
그래픽 조직자

1 법과 관련한 직업에 대해 알고 있는 것과 알고 싶은 것을 쓰세요.

내 머릿속에
들어 있는
지식과 경험을
최대한 꺼내 보세요.

알고 있는 것	알고 싶은 것
•	•

읽기 중
이해 전략

2 다음 지시에 따라 지문을 읽으세요.

(1) 지문에는 법과 관련한 직업이 세 가지 나옵니다.

(2) 직업의 이름에는 [　　] 표를 하세요.

(3) 그 직업이 하는 일에는 밑줄을 그으세요.

예시 [검사]는 범죄로 의심되는 사건을 꼼꼼히 조사하고 재판이 필요하다고 판단되면 재판을 신청해요.

지문

법과 관련한 직업

1문단 우리 사회에는 반드시 지켜야 하는 법이 있어요. 법을 어기면 벌을 받을 수도 있지만 법이 있기 때문에 모두들 안전하게 살 수 있어요. 법과 관련된 직업으로는 판사, 검사, 변호사가 있어요. 모두 법을 공부하고 법정[1]에서 일하지만, 저마다 역할은 달라요.

2문단 검사는 범죄로 의심되는 사건을 꼼꼼히 조사하고 재판이 필요하다고 판단되면 재판을 신청해요. 이것을 공소를 제기한다고 해요. 대부분의 수사는 경찰이 해요. 하지만 수사가 부족하다고 느끼거나 직접 수사할 필요를 느끼면 검사가 수사를 시작해요. 검사는 재판에서 피고인, 즉 죄를 지었다고 여겨지는 사람의 범죄 증거를 제시하며 처벌을 요구하지요.

3문단 변호사는 법을 잘 모르는 일반인을 대신해 법률행위를 해요. 예를 들어 검사가 공소를 제기해 법정에 서게 된 피고인을 도와요. 변호사는 피고인이 죄를 짓지 않았다고 주장하거나, 죄를 지었더라도 최대한 벌을 덜 받을 수 있도록 도와줘요. 법률 지식을 이용해 피고인이 어쩔 수 없는 상황이었거나 고의가 아니었음을 주장하는 거지요.

4문단 판사는 재판을 진행하고 판결[2]을 내려요. 검사와 변호사의 의견을 양쪽으로 모두 듣고 증거를 바탕으로 판단을 내리는 거지요. 판사가 내리는 판결은 반드시 정해진 법에 따라야 해요. 예를 들어 최대 징역[3] 4년까지 처벌할 수 있는 범죄에 대해 4년을 넘는 징역을 내릴 수는 없는 거예요.

주목할 어휘

1 **법정** | 법원에서 재판을 열고 판결하는 장소

2 **판결** | 소송 사건에 대하여 판사가 최종적으로 판단하여 내린 결정

3 **징역** | 죄인을 교도소에 가두어 노동을 시키는 형벌

어휘

3 다음 지시에 따라 어휘를 학습해 보세요.

(1) 지문에는 법과 관련된 단어가 매우 많이 나옵니다.

(2) 법과 관련된 다음 단어를 지문에서 찾아 초성 퀴즈를 맞혀 보세요.

ㅂㅈ ㅂㅈ ㅅㅅ ㅈㅍ ㅈㄱ

ㅂㄹ ㅎㅇ ㅍㄱ ㅈㅇ

(3) 뜻을 아는 단어에는 ○표, 뜻을 모르는 단어에는 X표를 하세요.

(4) 위 단어 중 3개는 지문 아래에 뜻이 나왔습니다.

(5) 지문으로 돌아가 단어의 뜻을 확인해 보세요.

(6) 뜻을 모르는 단어는 우선 그 뜻을 짐작해 보세요.

(7) 그래도 모르겠는 단어는 사전에서 찾고 그 뜻을 쓰세요.

•

(8) 단어의 뜻을 생각하면서 글을 다시 읽으세요.

독해

4 다음 중 글에서 설명한 내용과 다른 것을 모두 고르세요. (　　　　)

① 검사는 경찰이 수사한 내용을 반드시 다시 조사해야 한다.

② 검사가 공소를 제기함으로써 재판을 신청한다.

③ 변호사는 억울하게 벌을 받는 사람이 없도록 도와준다.

④ 변호사는 죄가 없는 사람만 도와주어야 한다.

⑤ 판사는 증거를 바탕으로 법률에 근거하여 판결을 내린다.

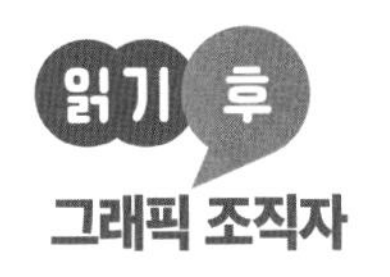

그래픽 조직자

5 지문을 읽고 알게 된 것과 더 알고 싶은 것을 쓰세요.

1번 문제에서 쓴 내용과 비교해 보세요.

알게 된 것	더 알고 싶은 것
•	•

95 모차르트의 삶과 음악

질문

궁금한 게 없더라도 여러분이 기자라고 생각하고 질문을 만들어 보세요.

1 다음 지시에 따라 질문해 보세요.

(1) 이 글의 제목은 '모차르트의 삶과 음악'입니다.

(2) 음악가를 인터뷰한다면 어떤 질문을 하고 싶나요?

(3) 음악가에게 할 수 있는 질문을 5개 만들어 보세요.

•

이해 전략

2 다음 지시에 따라 지문을 읽으세요.

(1) 처음 보는 단어는 빠르게 읽으면 정확하게 읽기 어렵습니다.

(2) 그럴 때는 속도를 늦춰서 한 글자씩 천천히 읽어야 합니다.

(3) 지문을 읽다 처음 보는 단어가 나오면 ○표 하세요.

(4) 그리고 한 글자 한 글자 천천히 정확히 읽으세요.

지문

모차르트의 삶과 음악

1문단 모차르트는 오스트리아 잘츠부르크에서 태어났다. 모차르트는 어려서부터 음악에 놀라운 재능을 보였다. 네 살에 악기를 배웠고, 다섯 살에는 짧은 곡을 작곡[1]했다. 음악가였던 그의 아버지는 모차르트의 뛰어난 재능을 알리고 싶었다. 그래서 어린 모차르트를 데리고 유럽 여러 나라로 연주 여행을 다녔다.

2문단 모차르트는 여행을 하면서 만난 작곡가들에게 영향을 받아, 아홉 살 때 처음 교향곡[2]을 작곡했다. 그리고 열한 살에는 첫 번째 오페라를 썼고, 열네 살에는 이탈리아에서 오페라를 무대에 올려 성공을 거두었다. 이런 그에게 음악의 신동[3]이라는 칭호가 붙은 것은 어쩌면 당연한 일이었다.

3문단 하지만 왕이나 귀족들은 모차르트가 재롱부리는 어린아이일 뿐이라고 생각하면서 확실한 일자리를 주지 않았다. 모차르트는 하는 수 없이 고향으로 돌아가 궁정 음악가가 되었다. 하지만 자신이 생각한 음악을 할 수 없는데다가 대주교와 싸우는 바람에 일자리를 잃게 되었다.

4문단 그 뒤 모차르트는 새로운 기회를 찾아 대도시 빈으로 갔다. 빈에서 자리를 잡은 모차르트는 작곡가로서 성공을 거두었고 <피가로의 결혼>, <돈 조반니>, <마술 피리> 등의 오페라와 다양한 곡들을 작곡해 인기를 얻었다. 하지만 계속 빚에 시달렸고 건강은 점점 나빠졌다. 모차르트는 결국 서른다섯 살이라는 젊은 나이에 세상을 떠났다.

주목할 어휘

1 **작곡** | 음악 작품을 창작하는 일

2 **교향곡** | 관현악을 위하여 작곡된 음악

3 **신동** | 재주와 슬기가 특출한 아이

어휘

3 다음 지시에 따라 어휘를 학습해 보세요.

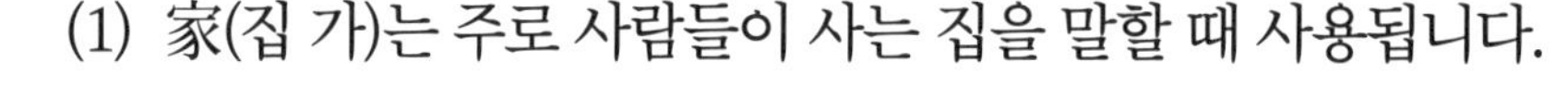

(1) 家(집 가)는 주로 사람들이 사는 집을 말할 때 사용됩니다.

(2) 하지만 다음처럼 사람을 뜻할 때도 있습니다.

같은 글자가 다른 의미를 가지기도 한다는 사실을 기억하세요.

1	음악가	음악을 전문으로 하는 사람
2	작곡가	작곡을 전문으로 하는 사람
3	궁정 음악가	궁중에서 연주하는 음악을 전문으로 하는 사람

(3) 다음 단어의 '가'가 사람을 뜻하면 ○표, 집을 뜻하면 X표 하세요.

작가	전문가	가옥	미식가
가축	귀가	화가	가족

독해

4 다음 지시에 따라 1문단에서 가장 중요한 문장을 하나 고르세요.

(1) 다른 내용을 포함할 수 있는 문장이 가장 중요합니다.

(2) 다음 중 다른 내용을 모두 포함할 수 있는 문장을 고르세요. (　　　　)

작가가 1문단에서 결국 하고자 하는 말을 찾아보세요.

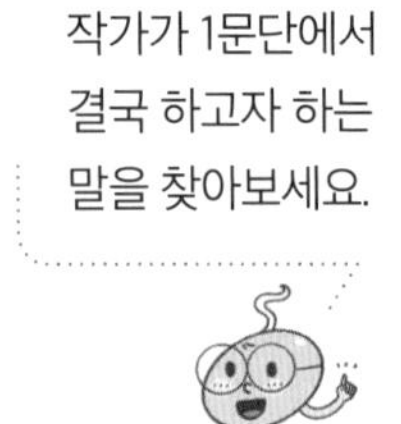

① 모차르트는 오스트리아 잘츠부르크에서 태어났다.

② 모차르트는 어려서부터 음악에 놀라운 재능을 보였다.

③ 네 살에 악기를 배웠고 다섯 살에는 짧은 곡을 작곡했다.

④ 음악가였던 그의 아버지는 모차르트의 뛰어난 재능을 알리고 싶었다.

⑤ 그래서 어린 나이에 유럽 여러 나라로 연주 여행을 다녔다.

쓰기

5 다음 지시에 따라 모차르트의 삶을 설명해 보세요.

(1) 지문을 다시 읽고 모차르트를 설명할 때 꼭 넣어야 할 것 5개를 골라 보세요.

•

(2) 위에서 고른 5가지 중에서 덜 중요한 2가지를 선을 그어 지우세요.

(3) 남은 3개와 여러분의 생각을 더하여 모차르트의 삶을 설명해 보세요.

여러분의 생각과 느낌, 소감 등을 자유롭게 더해 말하듯이 글을 써 보세요.

곰팡이로 만든 약

배경지식

1 내가 알고 있는 질병을 생각나는 대로 모두 쓰세요.

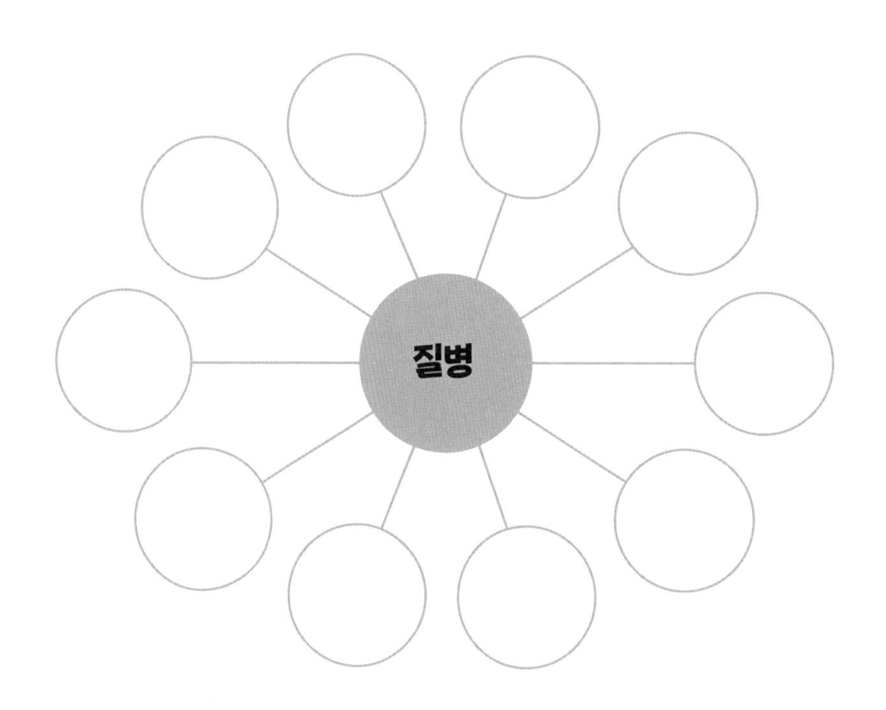

이해 전략

집중력이 떨어질 때도 좋습니다.

2 다음 지시에 따라 지문을 읽으세요.

(1) 손가락으로 짚으며 글을 읽으면 다음 장점이 있습니다.

① 읽어야 하는 곳을 정확하게 알 수 있습니다.

② 너무 빠르게 혹은 너무 느리게 읽지 않는지 확인할 수 있습니다.

③ 잠깐 다른 생각을 할 때 빨리 눈치 챌 수 있습니다.

(2) 손가락으로 짚으면서 다음 지문을 읽습니다.

(3) 읽는 부분과 손가락으로 짚은 부분이 어긋나지 않도록 합니다.

지문

곰팡이로 만든 약

1문단 수백 년 전만 해도 아이들의 절반 정도가 10살 전에 죽었어요. 무사히 어른이 되어도 오래 살지 못하고 일찍 죽는 경우가 많았고요. 홍역이나 콜레라, 폐렴 같은 병에 걸리면 치료할 수 있는 방법이 없었거든요. 사람들은 이런 질병이 미생물 때문에 생긴다는 것도 알지 못했어요.

2문단 현재는 상황이 많이 변했어요. 페니실린이 발명되면서 수많은 질병을 치료할 수 있게 되었지요. 페니실린은 푸른곰팡이를 재료로 만든 약이에요. 질병의 원인이 되는 미생물을 없애는 역할을 하지요. 덕분에 10살 전에 죽는 아이들은 매우 드물어졌고 평균 수명은 80세를 넘었어요.

3문단 페니실린을 통해 세균[1]을 없앨 수 있다는 것을 알아낸 사람은 알렉산더 플레밍이라는 미생물학자예요. 당시 많은 학자들과 마찬가지로 플레밍도 사람의 몸에 쓸 수 있는 항생제를 연구 중이었어요. 그러던 어느 날, 연구하려고 보관해 둔 포도상구균에 푸른곰팡이가 피는 일이 벌어졌어요. 보관을 잘못했기 때문인데요. 플레밍은 푸른곰팡이 주변에는 포도상구균이 녹아 있다는 사실을 발견하였어요.

4문단 무심히 씻어 버릴 수도 있었지만 플레밍은 푸른곰팡이가 세균을 없애는 항균[2] 작용을 한 거라고 생각해 연구를 거듭했지요. 그 결과 곰팡이 자체의 독성[3]은 없애고 우리 몸의 세포 내부까지 들어가 균을 없앨 수 있는 지금의 페니실린이 나온 거예요. 이후 페니실린은 수많은 전염병으로부터 인간의 목숨을 지켜 주었답니다.

주목할 어휘

1 **세균** | 질병을 일으키는 아주 작은 생물체

2 **항균** | 균에 저항함

3 **독성** | 독이 있는 성분

3 이 글을 읽고 보일 수 있는 반응으로 적절하지 않은 것을 고르세요. (   )

① 지영 – 플레밍 덕분에 수많은 사람이 목숨을 구할 수 있었어.

② 주성 – 플레밍이 아닌 다른 학자가 페니실린을 발견할 수도 있었을 거야.

③ 은희 – 실수를 하지 않는 것이 얼마나 중요한지 알았어.

④ 현서 – 더럽다고 생각하는 곰팡이에서 약을 만든다니 놀라워.

⑤ 유림 – 관찰을 잘하는 것이 참 중요하다는 사실을 깨달았어.

4 수백 년 전의 상황이 현재는 어떻게 변했는지 2문단에서 찾아 쓰세요.

수백 년 전		현재
아이들의 절반 정도가 10살 전에 죽었다.	→	
어른이 되어도 일찍 죽는 경우가 많았다.		
병에 걸리면 치료할 수 있는 방법이 없었다.		

사고력

5 다음 지시에 따라 글에서 추측할 수 있는 사실을 찾아보세요.

내 생각을 다른 사람이 동의할 수 있게 논리적으로 표현하는 연습을 해 보세요.

(1) 3문단에는 다음 문장이 있습니다.

> 당시 많은 학자들과 마찬가지로 플레밍도 사람의 몸에 쓸 수 있는 항생제를 연구 중이었어요.

(2) 이 문장을 통해 '항생제를 만드는 일은 중요하다'는 사실을 알 수 있습니다.

(3) 이렇게 추측할 수 있는 이유를 쓰세요.

읽기 후

쓰기

6 플레밍 박사의 업적을 구체적으로 설명하는 내용을 담아, 플레밍 박사에게 감사의 편지를 쓰세요.

플레밍 박사님께

97 습지는 어떤 역할을 할까?

배경지식

이 글의 제목과 관련하여 알고 있는 지식을 꺼내는 활동입니다.

1 다음 그림을 보고 그림에서 보이는 단어와 생각나는 단어를 모두 쓰세요.

읽기 중

이해 전략

어떤 목적으로 읽어야 하는지 생각하며 읽으세요.

2 다음 지시에 따라 읽기의 목적을 세워 보세요.

(1) 정확한 목적을 가지고 읽으면 글을 더 깊이 이해할 수 있습니다.

(2) 읽기의 목적은 글의 제목을 참고해 세울 수 있습니다.

(3) 이번 글의 제목은 '습지는 어떤 역할을 할까?'입니다.

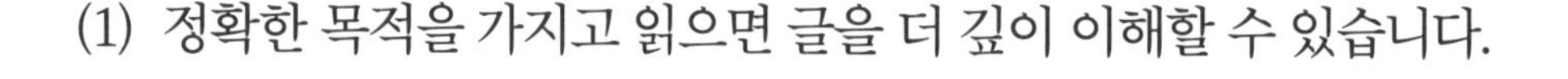

(4) 어떤 목적을 가지고 이 글을 읽어야 할까요?

지문

습지는 어떤 역할을 할까?

1문단 이번 여름방학에는 사촌들과 운곡습지를 다녀왔다. 전라북도 고창군에 위치하고 있는 운곡습지에는 각종 동식물이 830종 이상 살고 있다고 한다. 멸종위기[1]인 수달과 삵 등도 살고 있는데, 그래서인지 이곳에서 운행하는 전기 열차는 수달 모양이었다. 나는 이곳에서 습지가 어떤 곳인지 많은 것을 배울 수 있었다.

2문단 습지는 물과 땅을 이어 주는 축축한 땅으로, 매우 다양한 생물이 살고 있다. 우선 바닷물이 있기에 다양한 바다 생물이 살고 있는데, 바다 생물의 60퍼센트가 습지에 살 정도이다. 이에 따라 다양한 바다 생물을 먹이로 하는 새들이 습지로 모여든다. 새들은 습지에서 쉬기도 하고 먹이를 구하기도 한다. 그래서 습지에는 늘 조류 관찰대가 있고 다양한 새를 관찰할 수도 있다.

3문단 습지는 자연을 보호하는 역할도 한다. 홍수[2]나 가뭄 때는 습지가 댐 역할을 한다. 비가 많이 오면 물을 품고 천천히 흐르게 해서 홍수를 막아 준다. 반대로 가뭄이 들면 습지의 물을 내어 준다. 습지는 오염된 물을 깨끗하게 정화하는 역할도 한다. 습지의 부들, 갈대 같은 물풀과 흙, 미생물 등이 더러운 물질을 걸러 주기 때문이다.

4문단 이토록 중요한 습지가 점점 사라져가고 있다. 사람들이 습지를 메워 농경지를 만들고 아파트를 세우고 있다. 이런 행동이 당장은 이익이 될지 몰라도 동물들은 터전[3]을 잃고 자연은 무너지고 말 것이다. 이는 결국 우리가 사는 지구를 파괴하는 행위이다. 습지를 지켜 동식물과 우리가 사는 지구를 지켜야 하겠다.

주목할 어휘
1 **멸종위기** | 생물의 한 종류가 아주 없어질 위험한 고비
2 **홍수** | 비가 많이 와서 강이나 개천에 갑자기 크게 물이 불어남
3 **터전** | 자리를 잡고 사는 곳

어휘

3 다음 지시에 따라 어휘를 학습해 보세요.

(1) 다음 표를 보고 습지의 뜻을 쓰세요.

젖다는 뜻으로 '습'이 사용된 단어를 더 떠올려 보세요.

단어	한자	뜻
습	濕	젖다, 축축하다
지	地	땅

습지	濕地	

(2) 글의 내용과 연결하여 습지가 어떤 곳인지 설명해 보세요.

독해

4 다음 지시에 따라 습지의 역할을 찾아보세요.

그대로 쓰지 말고 나의 표현으로 바꾸어 쓰세요.

(1) 습지는 크게 2가지 역할을 합니다.

(2) 습지의 역할은 2문단과 3문단에 각각 하나씩 나옵니다.

(3) 2문단과 3문단에서 습지의 역할을 찾아 밑줄 그으세요.

(4) 찾은 습지의 역할을 아래에 쓰세요.

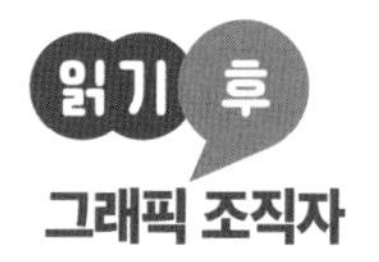

5 습지의 역할을 다음 표에 정리하세요.

습지의 역할

2문단	3문단
• 매우 다양한 생물이 산다	• 자연을 보호하는 역할을 한다
• 바다 생물의	• 홍수나 가뭄 때는
•	•

읽기 후
사고력

6 다음 지시에 따라 습지가 없어지면 생길 일을 글로 쓰세요.

(1) 습지가 없어진다면 어떤 일이 벌어질까요?

(2) 습지의 역할을 거꾸로 생각해 본 뒤, 글로 쓰세요.

98 나사(NASA)에서 한국 어린이들에게

배경지식

1 **다음 지시에 따라 알고 있는 것을 쓰세요.**

(1) 지문 제목은 '나사(NASA)에서 한국 어린이들에게'입니다.

(2) 여러분이 나사(NASA)에 대해 알고 있는 것을 쓰세요.

•

읽기 중
질문

2 **다음을 참고하여 문장마다 질문을 하나씩 하며 지문을 읽으세요.**

한 문장을 읽고
질문하고
다음 문장을 읽고
질문하기를
반복해 보세요.

문장		질문
저는 나사(NASA), 즉 미국 항공우주국의 홍보 책임자인 데이비드라고 합니다.	→	홍보 책임자는 어떤 일을 할까?
나사는 미국의 우주 개발에 관한 모든 일을 맡고 있습니다.	→	우리나라에도 우주 개발을 하는 곳이 있을까?
1958년, 대통령 직속 기관으로 만들어졌으며 본부는 워싱턴에 있지요.	→	왜 워싱턴에 만들어졌을까?

지문

나사(NASA)에서 한국 어린이들에게

1문단 안녕하세요!

저는 나사(NASA), 즉 미국항공우주국의 홍보 책임자인 데이비드라고 합니다. 나사는 미국의 우주 개발에 관한 모든 일을 맡고 있습니다. 1958년, 대통령 직속 기관으로 만들어졌으며 본부[1]는 워싱턴에 있지요. 한국 어린이들 중에 나사에서 일하고 싶은 친구들이 많다고 해서 이렇게 편지를 씁니다.

2문단 우리가 하는 우주 개발은 크게 두 가지로 나뉩니다. 사람을 우주로 보내는 유인 우주선[2] 사업과 사람이 타지 않은 인공위성이나 탐사선을 보내는 무인 우주선 사업이지요. 닐 암스트롱을 달로 보낸 아폴로 11호, 2015년 명왕성을 관측한 뉴호라이즌스호는 저희의 업적이에요. 2000년대 이후로는 화성 탐사에 집중했고, 다른 나라와 함께 국제 우주 정거장[3]을 운영하였습니다. 현재는 달에 기지를 세우기 위해 노력 중이랍니다. 최근에는 여러 우주 사업에 대학과 기업이 참여하도록 도왔습니다. 일반인들의 우주여행을 돕는 우주 탐사 기업 스페이스 엑스 같은 것이 대표적이지요.

3문단 이제 우주 탐사는 몇몇 과학자들만 하는 일이 아닙니다. 점점 더 많은 사람들이 우주 탐사에 뛰어들 것이기 때문에, 나사는 재능 있는 과학자들을 언제나 환영하고 있습니다. 수학과 물리 공부에 힘쓰고 대학에서 제공하는 우주 탐사 프로그램에 참여해 주세요. 나사와 비슷한 한국의 항공우주연구원에서 일하는 것도 좋습니다. 우리는 여러분을 언제나 환영합니다.

2023년 6월 나사의 데이비드가

주목할 어휘

1 **본부** | 각종 기관의 중심이 되는 조직

2 **유인 우주선** | 사람이 탄 우주선

3 **우주 정거장** | 우주 비행사나 연구자가 장기간 머물 수 있도록 설계한 기지

어휘

3 다음 힌트가 말하고 있는 단어를 지문에서 찾아보세요.

(1) 이 단어는 지문에 나옵니다.

(2) 뜻은 '군대, 탐험대 따위의 활동의 기점이 되는 근거지'입니다.

(3) 이 단어는 두 글자로 초성은 다음과 같습니다.

ㄱ ㅈ

이해 전략

4 다음 지시에 따라 나사가 하는 일을 정리해 보세요.

(1) 나사가 하는 일이 정리된 문단을 찾아 다시 읽으세요.

(2) 나사가 하는 일 중 기억나는 것을 아래 칸에 정리해 보세요.

(3) 빠트린 것이 없는지 찾으며 지문을 다시 읽으세요.

(4) 처음에 빠트린 내용을 찾아 아래 칸에 정리해 보세요.

•

독해

5 다음 중 윗글에서 말한 내용과 일치하지 않는 것을 고르세요. (　　　　)

① 나사는 사람을 우주로 보내는 일을 한다.

② 사람이 타지 않은 우주선도 있다.

③ 최근에는 목성 탐사에 집중하고 있다.

④ 우주 탐사에 점점 더 많은 사람들이 관심을 가질 것이다.

⑤ 한국에도 우주에 관한 일을 하는 기관이 있다.

쓰기

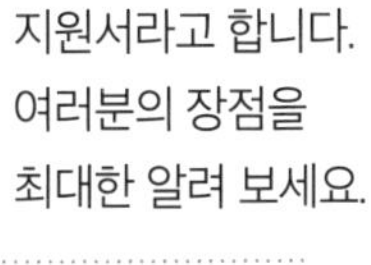

6 다음 지시에 따라 글을 쓰세요.

(1) 여러분은 나사(NASA)에서 일하기를 원합니다.

(2) 여러분을 나사 직원으로 뽑아달라는 편지를 쓰세요.

(3) 어떤 일을 하고 싶은지, 어떤 장점이 있는지 자신을 소개해 보세요.

세계의 랜드마크

배경지식

1 내가 알고 있는 세계의 유명한 건축물 이름을 쓰세요.

먼저 스스로 생각한 후 그림을 보며 하나씩 떠올려 보세요.

이해 전략

2 다음 지시에 따라 핵심 문장을 찾아보세요.

(1) 핵심 문장은 가장 중요한 문장입니다.

(2) 문단마다 핵심 문장이 1개씩 있습니다.

(3) 각 문단에서 핵심 문장을 찾으세요.

(4) 찾았으면 밑줄을 그으세요.

핵심 문장은 문단의 처음 혹은 끝에 오는 경우가 가장 많습니다.

지문

세계의 랜드마크

1문단 원래 랜드마크는 여행자가 돌아다니다가 어떤 장소로 돌아올 수 있도록 해 둔 표시를 의미했다. 요즘엔 어떤 곳을 대표하거나 상징하는 건물, 조형물[1], 지형 등을 뜻한다. 남산에 있는 N서울타워는 우리나라의 대표적인 랜드마크이다. 내가 여행을 다니면서 만났던 세계의 랜드마크 몇 군데를 소개하겠다.

2문단 중국의 만리장성은 길이가 2,700km에 이르는 세계 최대 건축물로, 우주에서도 보인다고 한다. 이 정도면 중국의 랜드마크일 뿐 아니라 지구의 랜드마크라 해도 될 것 같다.

3문단 미국에는 프랑스가 19세기 말 미국의 독립 100주년을 축하하기 위해 선물한 자유의 여신상이 있다. 높이는 93.5m이며, 무게는 204톤에 달해 엄청난 규모를 자랑한다. 머리에는 7개의 대륙을 뜻하는 뿔이 달린 왕관을 쓰고 있고 오른손에는 횃불을, 왼손에는 독립선언서를 들고 있다.

4문단 남미로 가면 페루의 마추픽추가 있다. 해발 고도[2] 2,400m의 안데스 산맥에 도시가 있는 것도 신기한데, 20톤이 넘는 돌들을 깎아 수킬로미터 떨어진 산 위로 옮겨 이런 도시를 만든 것은 불가사의할 뿐이다.

5문단 유럽에서는 이탈리아의 콜로세움을 꼽을 수 있다. 이곳은 맹수 사냥이나 검투사[3] 시합 등 손에 땀을 쥐는 경기가 벌어지기도 하고, 그리스 신화를 바탕으로 한 연극 공연이 열리기도 했던 거대한 원형 경기장이다.

6문단 호주 시드니의 오페라 하우스도 유명하다. 바람이 가득 찬 돛대의 모양을 따서 만든 이곳은 세계에서 가장 아름답고 인상적인 건축물 중 하나로 꼽힌다. 이곳에선 한 해에 3,000회가 넘는 공연이 열린다.

주목할 어휘

1 **조형물** | 여러 가지 재료를 이용하여 만든 물체

2 **해발 고도** | 평균 해수면을 기준으로 하여 잰 어떤 지점의 높이

3 **검투사** | 전문적으로 칼을 가지고 서로 맞붙어 싸우는 사람

어휘

3 다음 지시에 따라 문장을 만들어 보세요.

(1) 불가사의란 사람의 생각으로는 이해할 수 없는 이상함을 뜻합니다.

(2) 윗글에서 불가사의가 사용된 문단을 찾아 ○표 하세요.

(3) 불가사의의 뜻을 생각하며 찾은 문단을 다시 읽어 보세요.

(4) 불가사의를 이용하여 문장을 2개 만들어 보세요.

•

독해

4 아래 물음에 하나씩 답하며 문장을 자세히 살펴보세요.

문장을 이처럼
하나하나
끊어서 생각하면
더 자세히
이해할 수 있습니다.

미국에는 프랑스가 19세기 말 미국의 독립 100주년을 축하하기 위해 선물한 자유의 여신상이 있다.

랜드마크의 이름은 무엇인가요?	
어느 나라에 있나요?	
누가 주었나요?	
왜 주었나요?	
언제 주었나요?	

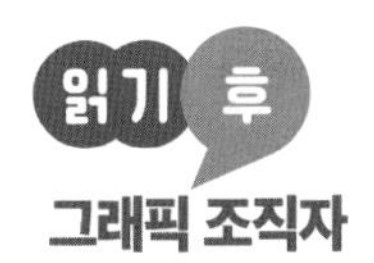

그래픽 조직자

5 세계의 랜드마크를 다음 표에 정리해 보세요.

국가	랜드마크	특징
중국		
	자유의 여신상	
		안데스 산맥 위에 있으며 20톤이 넘는 돌을 깎아 만들었다.
이탈리아		
		한 해에 3,000회가 넘는 공연이 열린다.

쓰기

6 다음 지시에 따라 글을 쓰세요.

(1) 랜드마크를 한 개 골라 친구에게 소개하겠습니다.

(2) 선택한 랜드마크를 인터넷으로 검색하여 정보를 얻으세요.

(3) 지문 내용과 찾은 정보를 이용하여 글을 쓰세요.

조선 시대를 대표하는 풍속화가

1 여러분이 알고 있는 화가의 이름을 쓰세요.

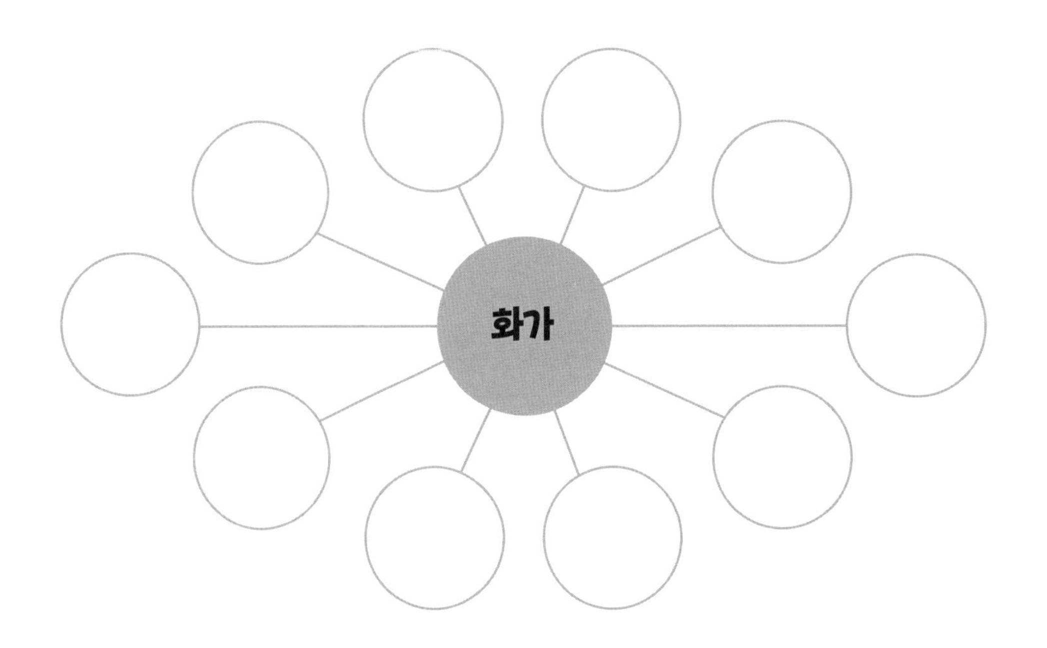

2 글쓴이의 상황에 맞는 목소리로 지문을 읽은 후 스스로 평가해 봅시다.

글쓴이의 상황

이 글은 기자가 쓴 전시회에 대한 기사입니다. 전문가다운 자신감 있는 목소리와 정확한 소리로 말하듯 읽어야 합니다.

	잘함	보통	부족
말하듯 읽었다.			
기자처럼 정확하게 읽었다.			
전문가다운 자신감 있는 목소리로 읽었다.			

지문

조선 시대를 대표하는 풍속화가

1문단 2025년 5월 1일 ○○시립미술관에서 조선 후기 풍속화 전시회[1]가 열린다. 이번 전시회에서는 조선 시대 백성들이 살아가는 모습을 실감나고 재미있게 담은 그림들을 만나 볼 수 있다. 또한 조선 시대 대표 풍속화가인 김홍도와 신윤복의 그림을 비교하며 감상할 수 있는 좋은 기회이기도 하다.

2문단 김홍도는 중국 그림을 따라 그리지 않고 조선 사람들의 꾸밈없는 생활과 산골 풍경을 단순하고 재미있게 그려 대표적인 조선 풍속화가로 꼽힌다. 대표작으로는 <씨름>, <서당>, <빨래터> 등이 있다. 이번 전시회에서 가장 주목[2]할 만한 김홍도의 작품은 <씨름>이다. 단옷날 장터에서 씨름하는 두 사람과 다양한 자세를 취한 여러 구경꾼들이 실감나게 그려져 있다.

3문단 신윤복은 김홍도에게 영향을 받았지만 낭만적이고 섬세한 자신만의 색채 감각을 살려 그린 조선 시대 대표적인 풍속화가이다. 양반의 생활과 기생[3]과의 사랑을 다룬 풍속화로 유명한데, 대표작으로는 〈단오풍경〉, 〈미인도〉, 〈월하정인〉 등이 있다. 이번 전시는 그 가운데 〈월하정인〉을 선보인다. 달빛이 비치는 조용하고 신비한 밤 풍경을 배경으로 사랑하는 두 사람의 감정이 섬세하게 표현되어 있다.

4문단 이번 전시를 통해 김홍도와 신윤복의 다양한 작품 세계를 경험할 수 있어 우리 미술과 풍속화에 관심을 가진 이들에게 좋은 기회가 될 것이다. 이번 전시는 7월 31일까지 이어진다.

1 **전시회** | 특정한 물건을 사람들이 관람할 수 있도록 하는 모임
2 **주목** | 관심을 가지고 주의 깊게 살핌
3 **기생** | 옛날에 술자리에서 노래나 춤을 추는 것을 직업으로 하는 여자

독해

3 다음 지시에 따라 풍속화의 뜻으로 올바른 것을 고르세요.

(1) 지문에서 풍속화가 무엇인지 알 수 있는 부분을 찾아 밑줄 그으세요.

문제에서 요구하는 부분은 이처럼 지문에 표시를 하는 것이 좋습니다.

(2) 이 글을 통해서 알 수 있는 풍속화의 뜻으로 옳은 것을 고르세요. ( )

① 역사적 사건이나 인물을 표현한 그림

② 그 시대 사람들이 살아가는 모습을 표현한 그림

③ 산과 들의 아름다움을 표현한 그림

④ 빛에 의한 순간적인 느낌을 표현한 그림

⑤ 사람의 얼굴을 그린 그림

구조화

4 이 글에서 사용된 방식 중 가장 중요한 것을 고르세요. ( )

① 문제와 해결 - 문제를 제시한 후 해결 방법을 제시하고 있다.

② 원인과 결과 - 어떤 현상이 나타난 원인을 소개하고 있다.

③ 비교와 대조 - 비슷한 두 대상의 특징을 각각 설명하고 있다.

④ 순서와 차례 - 하나의 특징을 시간 순으로 설명하고 있다.

⑤ 주장과 근거 - 글쓴이의 생각을 말하고 그에 대한 근거를 들고 있다.

사고력

5 다음 지시에 따라 신윤복의 <월하정인>으로 알맞은 그림을 고르세요.

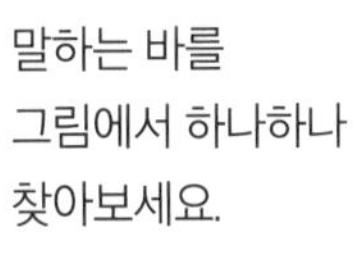

그림에 대한 설명이
말하는 바를
그림에서 하나하나
찾아보세요.

(1) 신윤복의 〈월하정인〉에 대한 설명이 있는 문단을 찾으세요.

(2) 〈월하정인〉에 대한 설명을 찾아 밑줄을 그으세요.

(3) 다음 그림 중 신윤복의 <월하정인>으로 알맞은 것을 찾으세요. (　　　　)

① 

② 

③ 

④ 

쓰기

6 다음 지시에 따라 김홍도와 신육복의 그림을 비교해 보세요.

(1) 지문에서 김홍도 그림의 특징을 찾아 밑줄 그으세요.

(2) 지문에서 신윤복 그림의 특징을 찾아 밑줄 그으세요.

(3) 밑줄 그은 내용을 바탕으로 두 사람의 그림을 설명하는 글을 쓰세요.

101 애기살

콩나물쌤의 강의 영상

이해 전략

애기는 어떤 특징이 있나요?

1 다음 지시에 따라 글의 내용을 예측해 보세요.

(1) 이 글의 제목은 애기살입니다.

(2) 애기살에서 살은 화살을 뜻합니다.

(3) 제목을 보면 무엇에 관한 내용일 것 같나요?

이해 전략

단어나 표현을 다른 방식으로 바꿔 보세요.

2 다음 지시에 따라 지문을 읽어 보세요.

(1) 글을 나의 말로 바꾸면 이해에 도움이 됩니다.

(2) 예를 들어 다음처럼 할 수 있습니다.

문장 우리나라 사람들은 활 솜씨가 좋기로 옛날부터 유명했어요.

↓

나의 표현 **우리나라 사람들은 오래전부터 활을 잘 쏘았어.**

(3) 다만 원래 문장과 거의 똑같이 표현하면 안 됩니다.

문장 우리나라 사람들은 활 솜씨가 좋기로 옛날부터 유명했어요.

↓

나의 표현 **우리나라 사람들은 활 솜씨가 좋기로 유명했구나.**

(4) 이처럼 나의 말로 바꾸며 글을 읽어 보세요.

지문

애기살

1문단 우리나라 사람들은 활 솜씨가 좋기로 옛날부터 유명했어요. 이웃 나라와 싸울 때 원거리[1]에서 공격할 수 있는 활과 화살을 이용해 승리를 얻은 경우가 많았지요. 그중에서도 군사 기밀[2]로 삼을 만큼 특별한 화살이 있었으니, 바로 애기살이에요.

2문단 애기살은 이름처럼 일반적인 화살보다 훨씬 더 짧은 화살이에요. 화살이 너무 짧아서 활에 제대로 걸쳐서 쏠 수 없기 때문에 대나무를 반으로 쪼갠 나무통에 애기살을 넣어 발사해요. 쏘는 방법이 다르다 보니 애기살은 잘 쏘기가 힘들어요. 초보자가 쏘면 화살이 아무데로나 날아가기도 하고, 큰 부상을 입기도 했지요.

3문단 ㉠ .... ㉡ 거의 500미터를 날아가 목표물을 맞힐 수 있고, 위력[3]이 일반 화살보다 훨씬 세요. 가까운 거리에서는 한 번에 2명을 쓰러뜨릴 수 있을 정도이고, 먼 곳에서도 갑옷을 뚫을 수 있어서 적들이 몹시 두려워했지요. 또 일반 화살은 날아오는 것을 보고 칼로 쳐낼 수 있었지만, 애기살은 활을 쏘았는지 알기 어렵고, 속도가 빨라 피하기도 힘들었어요. 이성계는 성 위에서 공격하던 적군 70여 명을 애기살로 모두 해치웠다고 해요.

4문단 조정에서는 애기살을 군사 기밀로 여겼어요. 일본인과 만주족이 있는 지역에서는 연습을 하지 않거나 하더라도 비밀리에 했어요. 임진왜란 당시 왜군의 조총에 대항할 유일한 무기로 꼽히기도 했고요. 지금은 많은 사람들이 잘 모르고 있지만, 애기살은 조선이 외적에 대항할 때 썼던 아주 중요한 무기였답니다.

주목할 어휘

1 **원거리** | 먼 거리

2 **기밀** | 외부에 드러내서는 안 될 중요한 비밀

3 **위력** | 상대를 압도할 만큼 강력한 힘

독해

3 ㉠에 들어갈 문장으로 가장 알맞은 것을 고르세요. (   )

ㄱ의 앞과 뒤를 자연스럽게 연결하는 문장을 찾아보세요.

① 그래서 애기살로 다치는 병사들이 많았어요.

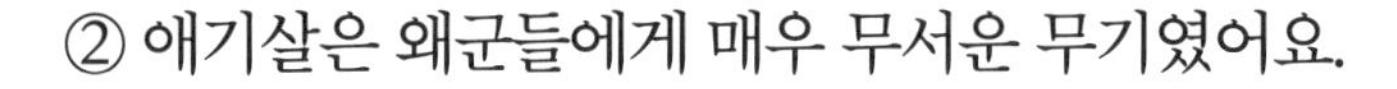

② 애기살은 왜군들에게 매우 무서운 무기였어요.

③ 애기살은 만드는 데 많은 비용이 들었어요.

④ 하지만 제대로 쏠 줄만 안다면 애기살은 매우 강력한 무기였어요.

⑤ 문제는 제대로 쏠 줄 아는 군사가 많지 않았다는 거예요.

독해

4 ㉡의 의미와 가장 가까운 것을 고르세요. (   )

① 500m가 조금 안 되지만 비슷하게 날아가

② 500m보다 훨씬 더 멀리 날아가

③ 500m에는 크게 미치지 못하게 날아가

④ 정확히 500m를 날아가

⑤ 언제나 500m 이상 날아가

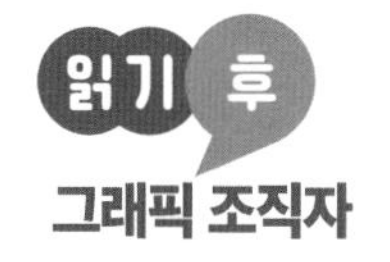

5 애기살의 장점을 다음 표에 정리하세요.

1	거의 500미터를 날아간다.
2	위력이 ....
3	가까운 거리에서는 ....
4	.... 뚫을 수 있다.
5	활을 쏘았는지 ....
6	.... 피하기도 어렵다.

6 다음 지시에 따라 이 글의 제목을 다시 지어 보세요.

(1) 이 글의 현재 제목은 애기살입니다.

(2) 현재 제목은 너무 평범해 읽고 싶은 마음을 불러일으키지 못합니다.

(3) 독자가 보면 읽고 싶은 마음이 들도록 제목을 지어 보세요.

....

(4) 여러분이 지은 제목을 보면 사람들이 이 글을 읽고 싶어 할까요?

....

(5) 왜 그렇게 생각합니까?

....

102 블루오션, 레드오션, 퍼플오션

이해 전략

1 다음 지시에 따라 글의 내용을 예측하여 봅시다.

(1) 이번 지문의 제목은 블루오션, 레드오션, 퍼플오션입니다.

(2) 다음 단어의 뜻을 쓰세요.

주변 사람에게
물어봐도 좋습니다.

단어	블루	레드	퍼플	오션
뜻				

단어	블루오션	레드오션	퍼플오션
뜻			

이해 전략

2 다음 지시에 따라 지문을 읽으세요.

(1) 지문에는 블루오션, 레드오션, 퍼플오션의 뜻이 설명되어 있습니다.

(2) 위 단어와 그 뜻이 나타난 문장을 찾으세요.

(3) 단어에는 [   ] 표를, 뜻에는 밑줄을 그으세요.

예시 [블루오션]은 영어로 원래는 파란 바다라는 뜻입니다. 지금은 넓고 푸른 바다에서 고기를 잡는 것처럼 경쟁이 없는 시장을 뜻해요.

지문

블루오션, 레드오션, 퍼플오션

1문단 블루오션은 원래 영어로 파란 바다라는 뜻입니다. 지금은 넓고 푸른 바다에서 고기를 잡는 것처럼 경쟁이 없는 시장을 뜻해요. 어떤 회사에서 기존에 없던 완전히 새로운 기술로 완전히 새로운 제품을 만들었다고 가정해 보세요. 신제품[1]을 경쟁 없이 시장에서 팔 수 있겠지요? 이럴 때 블루오션을 찾았다고 해요. 예를 들어 세탁기만 있던 시절에 건조기라는 새로운 제품을 만들어 팔기 시작했을 때 바로 블루오션을 찾은 것이지요.

2문단 반대로 레드오션은 아주 경쟁이 심한 시장을 뜻해요. 너무 심한 경쟁으로 모두가 피를 흘려 붉게 물든 바다를 떠올려 보세요. 어떤 상품이 인기가 있으면 모두 그 상품을 따라 만들어요. 그러면 경쟁이 심해져서 서로 가격을 낮추게 되고 나중에는 가격을 낮춰도 물건을 팔기 힘들어질 수도 있어요. 이런 시장이 바로 레드오션이에요. 소비자[2]는 비슷한 여러 물건 중에서 선택할 수 있고 가격도 저렴해 좋아요. 하지만 회사로서는 이익을 얻기 힘든 어려운 상황이지요.

3문단 회사에서는 당연히 블루오션을 찾고 싶어 해요. 하지만 아무도 생각하지 못한 신기술[3]이나 신제품을 개발하는 것은 쉽지 않지요. 그래서 이미 경쟁자가 많은 레드오션에 새로운 아이디어를 넣는 방법을 찾기도 해요. 이를 퍼플오션이라고 해요. 붉은 바다와 푸른 바다가 섞여 보라색 바다가 된 거지요. 예를 들어 이미 레드오션이 된 청소기에 물걸레를 붙여 기존에 없던 물걸레 청소기를 만들어 낸 것이 바로 퍼플오션이랍니다. ㉠하지만 블루오션뿐만 아니라 퍼플오션 역시 시간이 지나면 결국 레드오션이 될 수밖에 없답니다.

주목할 어휘

1 **신제품** | 새로 만든 물건

2 **소비자** | 돈을 내고 물건을 사는 사람

3 **신기술** | 새로운 기술

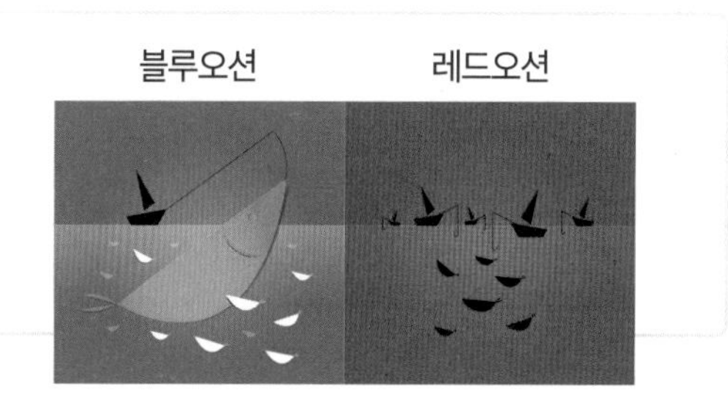

어휘

3 다음 지시에 따라 어휘를 학습해 보세요.

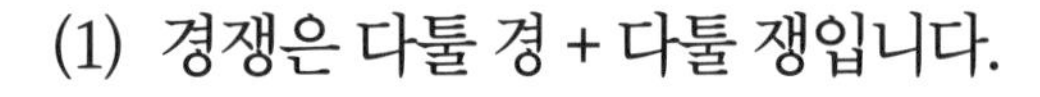

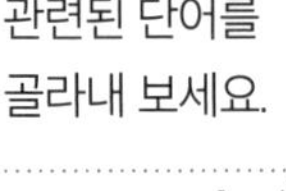

보여지는 것과
관련된 단어를
골라내 보세요.

(1) 경쟁은 다툴 경 + 다툴 쟁입니다.

(2) 같은 목적에 대하여 서로 이기려고 겨룬다는 뜻이지요.

(3) 다음 중 다툴 경이 사용된 단어에는 ○표, 다툴 경이 사용되지 않은 단어에는 X표를 하세요.

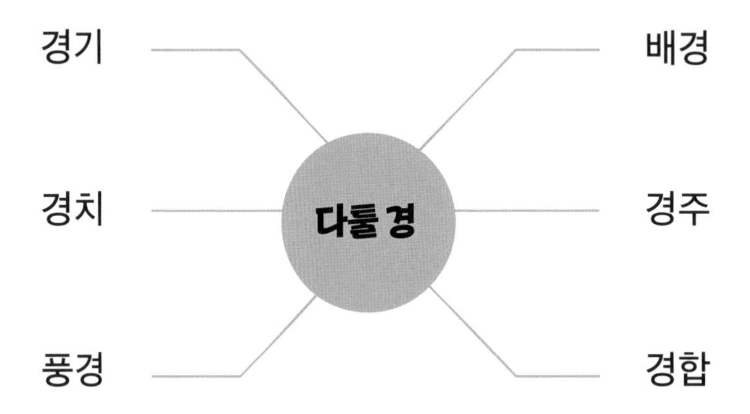

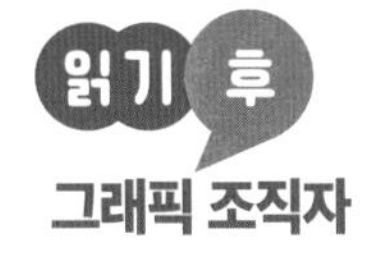

그래픽 조직자

4 글의 내용을 다음 표에 정리하세요.

	블루오션	레드오션	퍼플오션
원래 뜻			보라 바다
진짜 뜻	경쟁이 없는 시장		
예시		청소기	

5 다음은 어떤 시장인지 찾아 ○표 하세요.

(1) 골목마다 있는 편의점 - 블루오션, 레드오션, 퍼플오션

(2) 심부름을 해 주는 로봇 - 블루오션, 레드오션, 퍼플오션

(3) 책을 오디오로 읽어 주는 서비스 - 블루오션, 레드오션, 퍼플오션

6 다음 지시에 따라 여러분의 생각을 쓰세요.

(1) 다음 문장을 다시 읽어 보세요.

ㄱ 하지만 블루오션뿐만 아니라 퍼플오션 역시 시간이 지나면 결국 레드오션이 될 수밖에 없답니다.

(2) 위 문장을 읽고 여러분은 어떤 생각이 드나요?

(3) 여러분의 의견과 의견에 대한 근거를 쓰세요.

의견: ....

근거: ....

....

103 원자력 에너지의 두 얼굴

배경지식

1 다음 지시에 따르세요.

영상을 다 본 후 기억에 남는 것을 중심으로 써 보세요.

(1) 다음 QR코드를 스마트폰으로 찍어 영상을 시청하세요.

[원자력발전의 원리]
원전에서 전기가 만들어지기까지!

(2) 영상을 보고 이해한 내용을 2가지 이상 쓰세요.

•

유창성

2 다음 지시에 따라 나의 읽기를 수정해 보세요.

(1) 지문을 말하는 속도로 소리 내어 읽습니다.

(2) 읽다가 잘못 읽거나 더듬거린 부분에는 ✓표 합니다.

(3) ✓표 한 부분을 다시 읽어 보세요.

지문

원자력 에너지의 두 얼굴

1문단 우리는 생활할 때 석유나 석탄 등의 화석 에너지를 많이 써요. 전기를 생산할 때도 교통기관을 이용할 때도 화석 에너지를 ㉠빼놓고는 이야기할 수 없어요. 문제는 화석 에너지가 환경을 많이 오염시킨다는 거예요. 그래서 이를 대신할 수 있는 대체[1] 에너지를 찾아야만 해요. 태양열이나 풍력 등 환경을 오염시키지 않는 대체 에너지가 많이 연구되고 있지만, 현실적인 대체 에너지는 원자력 에너지예요.

2문단 원자력 에너지란 원자핵이 쪼개지면서 발생하는 에너지를 말해요. 우라늄 1킬로그램만 있으면 석탄 300톤에서 얻을 수 있는 에너지와 비슷한 양의 에너지를 얻을 수 있어 유용해요. 게다가 에너지를 만들 때 이산화탄소를 거의 내보내지 않아 환경을 더럽히지도 않지요.

3문단 여기까지 들으면 원자력은 완벽한 에너지 같아요. 하지만 문제가 있어요. 원자력은 매우 위험해요. 만약 원자력 발전소[2]에서 사고가 날 경우 그 주변에 엄청난 피해를 끼쳐요. 동식물은 물론 사람도 죽거나 다치지요. 사고가 나지 않더라도 원자력 에너지가 만들어진 후의 찌꺼기인 핵폐기물은 없애기도 힘들고 보관하기도 어려워요.

4문단 환경오염이 점점 심각해지면서 안전하면서도 효율적인 대체 에너지를 개발하기 전까지 어쩔 수 없이 원자력 에너지를 써야만 하는 상황이 왔어요. 따라서 원자력 에너지 사용에 대한 엄격한 안전 기준과 폐기물[3] 처리 방법, 원자력 발전소의 순차적인 축소 방법 등을 정해서 이를 잘 지키는 것이 현재로서는 최선의 방법이랍니다.

주목할 어휘

1 **대체** | 다른 것으로 대신함

2 **발전소** | 전기를 일으키는 시설을 갖춘 곳

3 **폐기물** | 못 쓰게 되어 버리는 물건

어휘

3 다음 지시에 따라 화석 에너지, 대체 에너지, 원자력 에너지를 비교해 보세요.

(1) 세 에너지에 대해 설명한 문단을 찾아 다시 읽어 보세요.

(2) 세 에너지는 서로 어떤 관계인가요?

(3) 다음 표의 빈칸에 적절한 에너지의 이름을 쓰세요.

- 석유
- 석탄
- 천연가스

❷

- 태양열
- 풍력

독해

단어의 의미는
단어의 근처에
있습니다.

4 ㉠빼놓고는 이야기할 수 없어요의 뜻으로 가장 가까운 것을 고르세요.

(　　　)

① 포함할 수 없다.

② 위험하다.

③ 값이 싸다.

④ 쓸모가 없다.

⑤ 매우 중요하다.

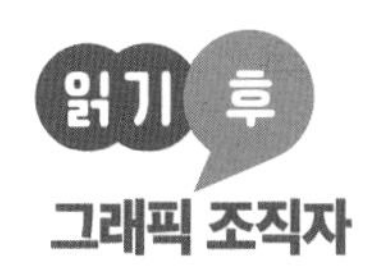

그래픽 조직자

5 원자력 에너지의 장점과 단점을 다음 표에 정리하세요.

지문에 있는 설명을 좀 더 짧게 요약해 써 보세요.

장점	단점
• 우라늄 1킬로그램으로	• 사고가 날 경우

쓰기

6 다음 지시에 따라 여러분의 생각을 쓰세요.

(1) 여러분은 4문단의 내용에 동의하나요?

(2) 동의하는지 하지 않는지 여러분의 생각을 쓰세요.

(3) 그리고 그 이유를 설명하세요.

나는 원자력 에너지를 써야만 한다는 생각에

(동의합니다, 반대합니다).

왜냐하면

104 돈을 마구 찍어 낸다면?

이해 전략

1 만약 어느 날 갑자기 모든 사람에게 엄청나게 많은 돈이 생긴다면 어떤 일이 벌어질 거라고 생각하나요? 벌어질 수 있는 일을 3가지 이상 쓰세요.

•

이해 전략

글을 읽을 때는 이처럼 스스로 질문하고 생각하며 읽어야 합니다.

2 다음 지시에 따라 지문을 읽으세요.

(1) 2, 3, 4문단을 볼 수 없게 다른 책으로 가립니다.

(2) 1문단을 읽고 마지막 질문에 대한 여러분의 생각을 말해 보세요.

(3) 2문단을 읽고 마지막 질문에 대한 여러분의 생각을 말해 보세요.

(4) 이 두 질문에 대한 답을 찾으며 끝까지 읽습니다.

지문

돈을 마구 찍어 낸다면?

1문단 옛날이야기에 종종 돈과 보물이 계속 쏟아져 나오는 화수분[1]이 등장하곤 해요. 나에게도 그런 신비한 항아리가 있으면 얼마나 좋을까 하며 무척 부러운 마음도 듭니다. ㉠그런데 실제로 이렇게 돈을 계속 찍어 내면 어떨까요? 가난한 사람은 없어지고 모두 부자가 되어서 좋지 않을까요? 왜 계속해서 돈을 만들지 않는 걸까요?

2문단 돈을 마구 찍어 내어 모든 사람에게 엄청난 돈을 나누어 준다고 생각해 보세요. 모두가 큰돈을 가진 부자가 될 거예요. 그런데 문제가 있어요. 사람들이 사려고 하는 물건은 전혀 늘어나지 않았다는 겁니다. 돈을 찍어 낸다고 빵, 집, 차가 저절로 생기는 건 아니니까요. 돈만 늘어나고 물건은 그대로면 또 무슨 일이 생길까요?

3문단 그러면 갑자기 모든 물건의 가격이 오르게 됩니다. 돈이 많아져서 모두가 돈을 마구 쓰기 때문입니다. 빵을 하나만 사던 사람이 서너 개씩 사고 빵 하나 값으로 많은 돈도 기꺼이 지불[2]하지요. 그러면 빵이 부족해져 갑자기 빵 값이 오릅니다. 3천 원짜리 빵이 3만 원, 혹은 3백만 원이 될 수도 있어요. 빵을 사려는 사람이 많아진데다가 그 사람들이 모두 많은 돈을 가지고 있기 때문이지요.

4문단 이렇게 물건은 늘지 않는데 돈만 많아지면 물가[3]가 올라가요. 이런 현상을 인플레이션이라고 해요. 인플레이션이 생기면 돈을 많이 만들어 낸 효과는 전혀 생기지 않아요. 오히려 물건을 사기 위해 너무 큰돈을 지불해야 해서 불편해져요. 실제로 인플레이션이 극심한 짐바브웨에서는 빵 하나를 사기 위해 수레 한가득 돈을 싣고 가야 할 정도예요. 그래서 돈은 마구 찍어 내서는 안 된답니다.

주목할 어휘
1 **화수분** | 재물이 계속 나오는 보물단지
2 **지불** | 돈을 내어 줌
3 **물가** | 물건의 값

어휘

각 단어의
차이점도
생각해 보세요.

3 다음 지시에 따라 단어를 완성해 보세요.

(1) 1문단에 나오는 돈과 보물은 경제적 가치가 있는 물건입니다.

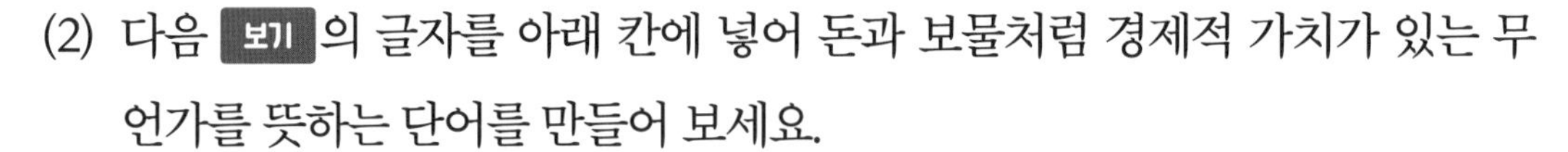

(2) 다음 보기 의 글자를 아래 칸에 넣어 돈과 보물처럼 경제적 가치가 있는 무언가를 뜻하는 단어를 만들어 보세요.

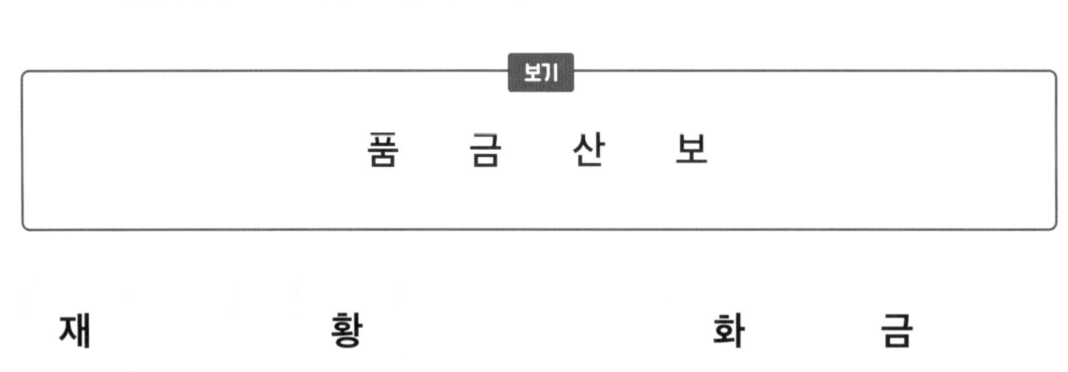

어휘

판화를 생각해
보세요.
2권 55번 지문을
다시 읽어 보아도
좋습니다.

4 다음 지시에 따라 이유를 설명해 보세요.

(1) 문장 ㉠을 보면 돈을 만든다고 하지 않고 찍어 낸다고 합니다.

(2) 왜 돈을 만든다고 하지 않고 찍어 낸다고 할까요?

(3) 돈을 만드는 방법을 상상해 그 이유를 설명해 보세요.

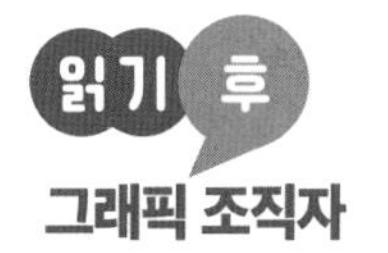

그래픽 조직자

5 왜 돈을 계속 찍어 내면 안 되는지 다음 표에 정리하세요.

돈을 계속 찍어 냄

↓

↓

모두 더 많은 물건을 사려고 함

↓

↓

물건을 사기 위해 매우 큰돈을 지불해야 함

쓰기

6 다음 조건에 따라 인플레이션을 설명하는 글을 쓰세요.

① 인플레이션이 무엇인지 ② 왜 생기는지 ③ 예를 들어 설명하기

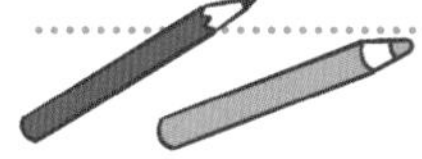

105 게임을 줄여야 하는 이유

읽기 전
배경지식

1 게임을 줄여야 하는 이유에는 무엇이 있을까? 게임을 많이 하면 생길 수 있는 문제점을 쓰세요.

선생님에게 들은 것,
뉴스에서 본 것,
여러분이 직접 보거나
경험한 것을
모두 떠올려 보세요.

•

읽기 중
유창성

2 다음 지시에 따라 지문을 읽으세요.

(1) 초를 잴 수 있도록 스마트폰이나 타이머를 준비합니다.

(2) 타이머를 누르고 다음 페이지의 지문을 소리 내어 읽습니다.

(3) 다 읽으면 타이머를 멈추고 시간을 확인합니다.

(4) 내 읽기 속도가 다음 중 어디에 속하는지 확인합니다.

☐ **69초 이하** | 너무 빨라요. 조금 더 천천히 읽어 보세요.

☐ **76~98초** | 적당한 속도입니다. 계속 그렇게 읽으세요.

☐ **114초 이상** | 너무 느려요. 한 번 더 읽어보세요.

지문

게임을 줄여야 하는 이유

1문단 게임을 좋아하는 친구라면 게임을 실컷 하고 싶다는 생각을 분명히 해 봤을 것이다. 하지만 하루에 2~3시간 이상 게임을 하고 있다면 게임 시간을 줄이는 것이 좋다. 컴퓨터 게임을 오래 하면 여러 가지 문제가 생기기 때문이다.

2문단 먼저 건강에 나쁘다. 게임을 오래 하면 긴 시간 동안 앉아 있게 되는데, 그러면 운동이 부족해져서 살이 찌고 심장이나 혈관[1]에 병이 생길 수 있다. 그리고 같은 자세로 오래 앉아 있다 보니 목과 허리에 무리가 가고 척추[2]가 휘거나 굽기 쉽다. 또 화면에서 나오는 강한 빛과 빠르게 움직이는 영상 때문에 눈이 쉽게 피로해진다.

3문단 두 번째, 사람들과 관계에 문제가 생기기 쉽다. 게임을 오래 하다 보면 친구를 만날 시간이 줄어들고 이야기할 시간도 없다. 또 게임에 집중할 때 사람들이 말을 시키면 귀찮으니까 가족이나 친구와 대화를 하지 않고 혼자 있는 시간이 길어지게 된다.

4문단 세 번째, 실제 생활을 소홀히 하기 쉽다. 게임에 빠지면 현실에서 자신이 해야 할 일을 놓칠 수 있다. 공부를 하지 않거나 한다고 해도 열심히 하기 어렵다. 공부 시간에 게임 생각이 자꾸 날 테니 말이다.

5문단 네 번째, 다양한 경험을 할 수 있는 기회가 줄어든다. 현실에는 스포츠나 예술 활동 등 즐길 수 있는 거리가 많다. 하지만 게임에 빠지면 이런 기회를 놓치게 되는데, 그만큼 다양한 즐거움과 재미도 줄고 자신의 재능[3]을 찾기도 힘들다.

주목할 어휘

1 **혈관** | 우리 몸속에서 피가 흐르는 관

2 **척추** | 머리뼈 아래에서 엉덩이까지 연결된 뼈 전체

3 **재능** | 어떤 일을 하는데 필요한 재주와 능력

구조화

3 지문에 대한 설명으로 가장 적절한 것은? (   )

① 게임을 줄여야 한다고 설득하고 있다.

② 아이들이 게임을 좋아하는 원인을 설명하고 있다.

③ 다양한 게임의 종류에 대해 설명하고 있다.

④ 게임을 할 때의 장점에 대해 설명하고 있다.

⑤ 게임을 많이 하면 생기는 여러 문제를 제시하고 있다.

보기를 모두 읽고 '가장' 적절한 것을 찾아보세요.

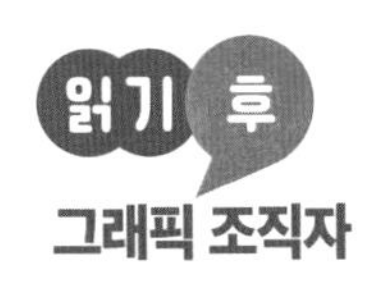

그래픽 조직자

4 게임을 줄여야 하는 이유를 다음 표에 정리하세요.

게임을 줄여야 하는 이유

- 건강에 나쁘다.
-
-
-
- 다양한 경험을 할 수 있는 기회가 줄어든다.

사고력

5 윗글을 통해 알 수 있는 내용으로 적절하지 않은 것을 고르세요. (   )

① 게임을 많이 하면 다양한 문제를 겪을 수 있다.

② 똑같은 자세로 오래 앉아 있는 것은 건강에 좋다.

③ 혼자 있는 시간이 길어지면 관계에 문제가 생기기 쉽다.

④ 공부 중에 딴 생각이 날 수 있다.

⑤ 하나를 즐기다 보면 다른 것을 즐길 기회가 줄어든다.

쓰기

6 다음 지시에 따라 6문단을 쓰세요.

앞에 있는 사람을 직접 설득한다고 생각하고 말하듯 써 보세요.

(1) 지문에는 글을 마무리하고 정리하는 내용이 없습니다.

(2) 글을 마무리하는 6문단을 쓰세요.

(3) 글을 읽은 사람이 게임을 줄이도록 설득하세요.

(4) 1~5문단을 참고하여 정리해도 좋습니다.

106 건조한 얼음이 있을까?

과학 기술 설명문

배경지식

1 다음 힌트를 하나씩 보면서 무엇인지 맞혀보세요.

(1) 딱딱합니다.

(2) 매우 차갑습니다.

(3) 먹을 수 없습니다.

(4) 냉동식품을 사면 함께 들어 있는 경우가 많습니다.

(5) 물에 넣으면 보글보글 끓는 소리가 납니다.

정답: ....

질문

2 다음 지시에 따라 글을 읽으며 질문해 보세요.

(1) 1문단을 읽은 후 생기는 질문을 씁니다.

질문: ....

(2) 2문단을 읽은 후 생기는 질문을 씁니다.

질문: ....

(3) 3문단을 읽은 후 생기는 질문을 씁니다.

질문: ....

지문

건조한 얼음이 있을까?

1문단 아이스크림 전문점[1]에서 아이스크림을 포장해 오거나 냉동 음식을 배달시켜 보면 가끔 하얗고 김이 이는 물질[2]이 들어 있는 경우가 있습니다. 바로 드라이아이스입니다. 영어로 드라이(Dry)는 '건조[3]한'이라는 뜻이고 아이스(Ice)는 '얼음'이라는 뜻입니다. 그래서 드라이아이스는 '건조한 얼음'이라는 뜻이 됩니다. 드라이아이스가 건조한 얼음으로 불리는 이유는 보통의 얼음과 달리 녹아도 액체가 나오지 않기 때문입니다.

2문단 세상에 있는 모든 물질은 고체, 액체, 기체 중 하나로 존재합니다. 고체는 모양이 정해져 있으며 손으로 잡을 수 있습니다. 장난감, 가방, TV 등이 모두 고체입니다. 액체는 모양이 일정하지 않아 손으로 잡을 수 없습니다. 대신 그릇에 담을 수는 있습니다. 물, 음료수 등이 모두 액체입니다. 기체는 모양이 일정하지 않으며 눈에 보이지 않습니다. 손으로 잡거나 그릇에 담을 수는 없지만 봉지 안에 가둘 수는 있습니다. 공기와 방귀가 대표적인 기체입니다.

3문단 드라이아이스가 건조한 얼음인 이유는 고체에서 기체로 바로 변하기 때문입니다. 얼음은 녹으면 물이 되고 물이 마르면 수증기가 됩니다. 물은 고체에서 액체로, 액체에서 기체로 차례차례 변하는 거지요. 반면 드라이아이스는 액체 상태를 거치지 않고 고체에서 바로 기체가 됩니다. 식탁에 올려 두면 하얀 김이 나면서 점점 작아지지만 식탁은 전혀 젖지 않습니다. 그래서 건조한 얼음이라고 부르는 것입니다.

주목할 어휘
1 **전문점** | 일정한 종류의 상품만 파는 가게
2 **물질** | 물건의 본바탕
3 **건조** | 말라서 습기가 없음

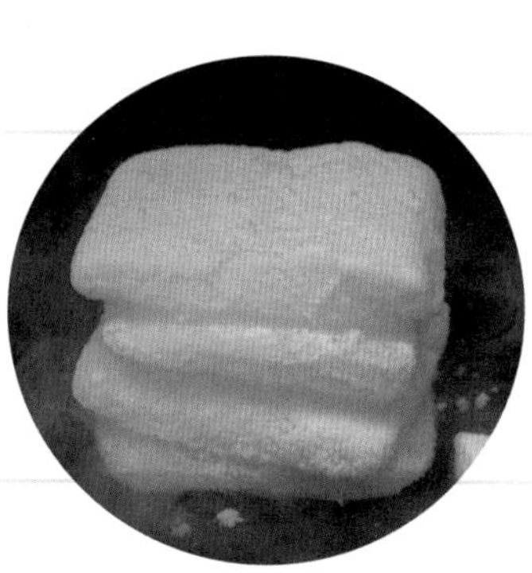

어휘

3 힌트를 보고 단어의 뜻을 짐작해 보세요.

 **냉동:** 음식을 신선하게 보관하기 위해 얼림

새로운 단어를 보면 항상 이처럼 잘라서 생각해 보세요.

냉동고	=	냉동	+	창고	=	냉동한 음식을 넣어 두는 창고
냉동실	=	냉동	+	공간	=	
냉동 트럭	=	냉동	+	트럭	=	
냉동기	=	냉동	+	기계	=	
냉동식품	=	냉동	+	음식	=	

사고력

4 다음 그림에 맞는 물질의 상태를 보기에서 골라 쓰세요.

여러분이 알고 있는 고체, 액체, 기체를 각각 2개씩 말해 보세요.

보기

고체 액체 기체

독해

5 드라이아이스에 대한 설명으로 잘못된 것을 고르세요. (　　　)

① 건조한 얼음이라는 의미이다.

② 고체에서 기체로 바로 변한다.

③ 식탁 위에 올려두면 식탁이 젖는다.

④ 액체 상태의 드라이아이스는 없다.

⑤ 냉동식품을 배달할 때 자주 사용된다.

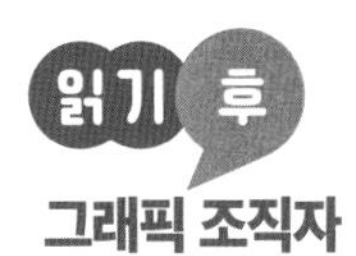

그래픽 조직자

6 고체, 액체, 기체에 대한 지식을 노트로 정리해 봅시다.

학교에서 배운
내용도 이처럼
정리하면 좋습니다.

물질의 상태	고체	액체	기체
특징	• 모양이 정해져 있다. • 손으로 • 예:	• 모양이 • •	• • •

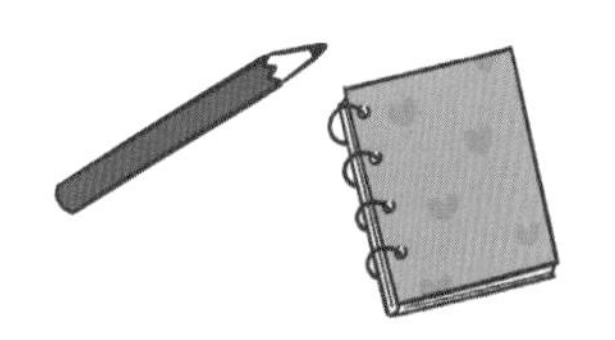

107 받는 돈에도 이름이 있다

어휘

처음 보는 단어는 우선 이처럼 단어 그 자체에서 힌트를 찾아봐야 합니다.

1 다음 지시에 따라 단어의 뜻을 생각해 보세요.

(1) 다음 힌트를 통해 시급, 월급, 연봉의 뜻을 생각해 보세요.

❶ 모두 돈과 관련된 단어입니다.

❷ 각 단어의 첫 번째 글자를 읽어 보세요.

(2) 내가 생각하는 단어의 뜻

시급 ....

월급 ....

연봉 ....

이해 전략

2 다음 지시에 따라 지문을 읽으세요.

(1) 글에서 굵은 글씨로 쓰인 단어는 중요한 단어입니다.

(2) 굵은 글씨로 쓰인 단어가 나오면 ○표 합니다.

(3) 단어의 뜻이 설명되어 있다면 밑줄을 그으세요.

(4) 단어의 뜻이 설명되어 있지 않다면 그 단어의 뜻을 짐작하세요.

지문

받는 돈에도 이름이 있다

1문단 한 달 용돈을 보름 만에 다 썼다. 엄마한테 더 달라고 했다가, 용돈은 못 받고 혼만 났다. 나는 커서 돈을 많이 벌고 싶다. 그래서 아들한테 용돈도 팍팍 줄 거다.

2문단 혹시나 해서 삼촌이 아르바이트[1]를 하는 편의점에 갔다. 삼촌에게 월급이 얼마냐고 묻자, 삼촌은 월급이 아니라 시급을 받는다고 했다. **월급**은 매월 받는 돈으로 대개 회사에 정식으로 취직[2]했을 때 받는다고 한다. 반면 **시급**은 시간 당 받는 돈으로 아르바이트처럼 임시로 일을 할 때 받는다고 한다. 한편 1년 동안 받는 임금[3]을 모두 합하면 **연봉**이라고 한다고 한다. 내가 좋아하는 야구 선수는 모두 연봉으로 받는다고 한다. 물론 연봉이라고 한 번에 다 받는 것은 아니고 여러 번 나누어 받는다고 한다.

3문단 삼촌에게 시급이 얼마냐고 물었다. 삼촌은 나라에서 정한 최소한의 금액인 **최저 시급**을 받고 있는데 시간 당 1만 원 정도라고 한다. 낮에 학교를 다니는 삼촌은 저녁에 4시간을 일하고 4만 원 정도를 번다고 했다. 그리고 한 달에 25일을 일하기 때문에 총 100만 원 정도를 번다고 한다. 나는 100만 원이 엄청 큰돈이라고 생각했지만 삼촌은 마음대로 쓸 수 있는 돈은 거의 없다고 말했다. 학교 등록금과 생활비를 내고 나면 남는 돈이 없기 때문이라고 했다.

4문단 삼촌에게 용돈이라도 조금 받을 수 있을까 하고 찾아간 거지만, 그냥 돌아오기로 했다. 매일같이 열심히 일하고도 마음대로 쓸 수 있는 돈은 거의 없다니 도저히 용돈을 달라는 소리를 할 수가 없었다. 하지만 삼촌은 내가 말하지 않아도 눈치를 챘는지 1만 원을 주었다. 나중에 내가 돈을 많이 벌면, 고마운 삼촌에게 꼭 은혜를 갚아야겠다.

주목할 어휘
1 **아르바이트** | 본래의 직업이 아닌 임시로 하는 일
2 **취직** | 일정한 직업을 잡아 직장에 나감
3 **임금** | 근로자가 노동의 대가로 사용자에게 받는 보수

어휘

3 다음의 정의를 읽고 알맞은 단어를 쓰세요.

(1) 노동한 시간에 따라 지급되는 임금 ....

(2) 일 년 동안에 받는 봉급의 총액 ....

(3) 한 달을 단위로 하여 지급하는 임금 ....

독해

이렇게 스스로 질문을 만들고 읽으면 글을 더 잘 분석할 수 있습니다.

4 다음 질문에 답하세요.

(1) 글쓴이가 삼촌의 편의점을 찾아간 이유는 무엇입니까?

....

(2) 글쓴이는 삼촌에게 용돈을 달라고 했나요?

....

(3) 글쓴이가 그렇게 한 이유는 무엇인가요?

....

(4) 글쓴이는 어떻게 용돈을 받을 수 있었나요?

....

독해

5 이 글을 읽고 보일 수 있는 반응으로 적절하지 않은 것을 고르시오. (   )

① 지영 – 임시로 일하기 때문에 시급이 월급보다 적을 것 같아.

② 주성 – 회사에 취직한 우리 이모는 월급을 받고 있겠네.

③ 은희 – 1년 치 월급을 합해서 연봉이라고 하는구나.

④ 현서 – 최저 시급이 있으니 1시간에 1만 원 이상은 벌 수 없어.

⑤ 유림 – 아이들에게 큰돈이 어른에게는 큰돈이 아닐 수 있어.

쓰기

6 시급, 월급, 연봉의 차이를 설명하는 글을 쓰세요.

유치원 다니는 동생이 물어봤다고 생각하고 쉽게 설명해 보세요.

108 나노 기술이 바꿀 미래

배경지식

잘 보고 익숙하지 않으면 읽는 법과 쓰임을 검색해 보세요.

1 다음 보기가 무엇을 측정할 때 사용되는 단위인지 알맞은 칸에 쓰세요.

보기

kg　cm　l　g　ml　m

길이	무게	들이
•	•	•
•	•	•
	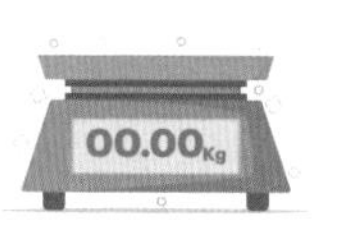	

유창성

소리 내어 읽기는 읽기 능력을 키우는 데 좋습니다. 가끔 실천해 보세요.

2 다음 지시에 따라 자신의 읽기를 평가해 보세요.

(1) 자신이 어떻게 글을 읽는지 알면 읽기 실력이 빠르게 성장합니다.

(2) 녹음기 혹은 스마트폰을 준비합니다.

(3) 지문을 소리 내어 읽습니다.

(4) 자신의 읽기를 듣고 평가해 보세요.

	부족	보통	잘함
말하는 속도로 편안하게 읽었다.			
더듬거리지 않고 자연스럽게 읽었다.			
별로 틀리지 않고 매끄럽게 읽었다.			

지문

나노 기술이 바꿀 미래

1문단 나노 기술은 아주아주 작은 크기의 물질을 일상생활이나 산업에 쓸 수 있도록 하는 기술을 말해요. 나노는 미터나 센티미터처럼 길이를 나타내는 단위인데요. 1나노미터는 1미터를 10억 개로 나눈 것과 같을 정도로 작은 크기입니다. 나노 기술은 이러한 나노 단위로 물질을 쪼개어 서로 붙이거나 끊어 낼 수 있는 기술이지요.

2문단 나노 기술은 이미 우리 주변에서 많이 활용[1]되고 있어요. 컴퓨터의 중요한 부품이나 커다란 TV를 선명하게 만드는 데에도 모두 나노 기술이 사용된답니다. 최근에는 선크림에도 나노 기술이 사용되는데요. 빛을 흡수하는 물질을 나노미터 크기로 쪼개어 선크림을 발라도 얼굴색이 허옇게 변하는 것을 막아 주지요.

3문단 나노 기술이 더욱 발전하면 많은 분야에서 사용될 수 있을 예정이에요. 예를 들어 연필심에 들어가는 값싼 흑연을 값비싼 다이아몬드로 바꿀 수도 있게 돼요. 이 둘은 모두 탄소 원자[2]로만 만들어졌다는 공통점이 있어요. 차이점은 탄소 원자가 자리 잡고 있는 배열[3]과 형태뿐이지요. 그래서 만약 나노 기술로 탄소 원자의 배열과 형태를 바꿀 수 있게 된다면 흑연을 다이아몬드로 바꿀 수 있다는 의미가 됩니다.

4문단 또한 나노 기술을 이용하면 우리 몸에 독한 약을 부작용 없이 먹을 수 있게 돼요. 예를 들어 암을 치료하기 위해 먹는 약은 암세포뿐 아니라 다른 정상적인 세포에도 해를 끼치는 경우가 많아요. 그래서 암은 치료하지만 여러 부작용에 시달리기도 하지요. 나노 기술이 발달하면 이런 문제를 줄일 수 있게 될 겁니다.

주목할 어휘

1 **활용** | 충분히 잘 이용함

2 **원자** | 물질을 이루는 아주 작은 기본 단위

3 **배열** | 일정한 차례나 간격에 따라 벌여 놓음

읽기 후
독해

3 다음 중 나노 기술에 대한 설명으로 옳지 않은 것을 고르세요. (　　　　)

옳은 설명을 찾으면 ○로 표시하세요.

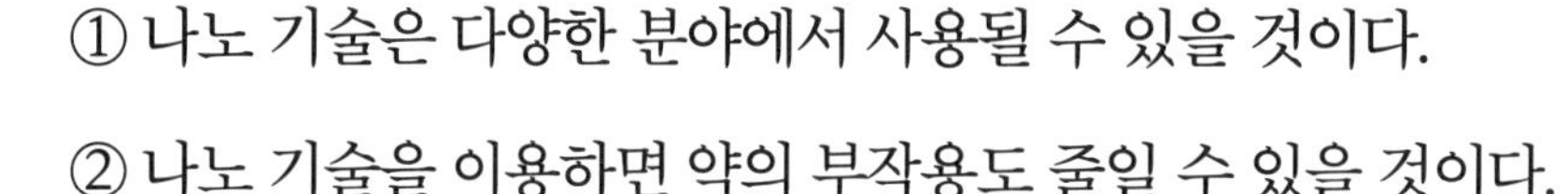

① 나노 기술은 다양한 분야에서 사용될 수 있을 것이다.

② 나노 기술을 이용하면 약의 부작용도 줄일 수 있을 것이다.

③ 나노 기술이 아직 사용되지는 못하고 있다.

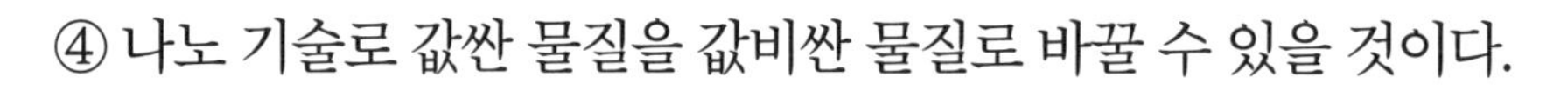

④ 나노 기술로 값싼 물질을 값비싼 물질로 바꿀 수 있을 것이다.

⑤ 나노 기술은 앞으로 점점 더 발전할 것이다.

사고력

4 다음 지시에 따라 문단의 제목을 찾아보세요.

(1) 다음 제목이 1~3문단 중 어느 문단의 제목인지 쓰세요.

① 이미 활용되고 있는 나노 기술 (　　　　) 문단

② 나노 기술이 바꿀 물질의 가치 (　　　　) 문단

③ 아주 작은 것에 관한 나노 기술 (　　　　) 문단

가족과 함께 문단 제목 짓기를 해 보세요.

(2) 4문단의 제목을 직접 지어 보세요.

(3) 지은 제목이 4문단 내용을 잘 표현한다고 생각하나요?

(4) 왜 그렇게 생각하는지 이유를 쓰세요.

독해

5 다음의 ㉠이 둘은 무엇을 뜻하는지 고르세요. (   )

탄소 원자로만 만들어졌다는 공통점이 있는 것은 무엇일까요?

나노 기술이 더욱 발전하면 많은 분야에서 사용될 수 있을 예정이에요. 예를 들어 연필심에 들어가는 값싼 흑연을 값비싼 다이아몬드로 바꿀 수도 있게 돼요. ㉠이 둘은 모두 탄소 원자로만 만들어졌다는 공통점이 있어요.

① 기술, 분야

② 연필심, 흑연

③ 연필심, 다이아몬드

④ 흑연, 다이아몬드

⑤ 다이아몬드, 탄소 원자

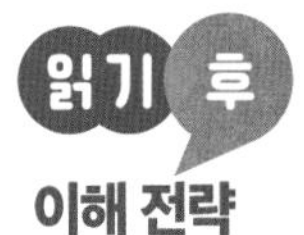

이해 전략

6 다음 지시에 따라 나노 기술을 설명해 보세요.

'아주아주 작은 크기' 대신에 1나노미터에 대한 설명을 넣어보세요.

(1) 나노 기술이 무엇인지 설명하고 있는 문단을 찾으세요.

(2) 나노 기술을 설명한 부분에 밑줄 그으세요.

(3) 1나노미터를 설명한 부분에 밑줄 그으세요.

(4) (2)와 (3)을 한 문장으로 요약하여 나노 기술을 설명해 보세요.

나노 기술이란 ……………………………………

……………………………………………………

보이콧 당한 보이콧

콩나물쌤의 강의 영상

배경지식

지도에서 위치도 찾아보세요.

1 다음 지시에 따라 정보를 찾고 정리해 보세요.

(1) 지문은 아일랜드의 역사와 관련되어 있습니다.

(2) 책이나 인터넷 등에서 아일랜드에 대한 정보를 찾아 쓰세요.

....

....

읽기 중
질문

정해진 정답이 없으니 자유롭게 생각해 보세요.

2 다음 지시에 따라 질문하며 지문을 읽어 보세요.

(1) 다음처럼 글에 답이 있는 질문을 할 수 있습니다.

문장		질문
아일랜드는 12세기부터 20세기 초까지 800년 동안 영국의 지배를 받았어요.		• 아일랜드는 언제부터 언제까지 나라를 빼앗겼나? • 아일랜드는 어느 나라에게 지배를 받았나?

(2) 혹은 글에 답이 없는 질문을 할 수도 있습니다.

문장		질문
아일랜드인들은 영국인들에게 땅과 식량을 빼앗기고 심한 차별을 당하며 때로는 죽임까지 당했어요.		• 땅과 식량을 빼앗겼으면 무엇을 먹고 살았을까? • 어떤 차별을 당했을까?

(3) 지문을 읽으면서 문장 하나마다 질문을 하나씩 해 보세요.

지문

보이콧 당한 보이콧

1문단 아일랜드는 12세기부터 20세기 초까지 800년 동안 영국의 지배[1]를 받았어요. 아일랜드인들은 영국인들에게 땅과 식량을 빼앗기고 심한 차별을 당하며 때로는 죽임까지 당했어요. 그러던 중 1879년, 아일랜드에 큰 흉년[2]이 들었어요. 영국이 농작물을 빼앗아 가 먹을 거라고는 감자밖에 없었는데, 감자마저 역병[3]에 걸려 먹을 것이 심각하게 부족해진 거예요.

2문단 당시 아일랜드 농민은 대부분 영국인에게 땅을 빌려 농사짓는 소작농이었어요. 흉년으로 먹을 것이 부족해지자, 소작농들은 땅 빌리는 값을 내려 달라고 지주에게 부탁했어요. 하지만 땅 주인인 지주는 이를 거부했고 지배인에게 소작료를 모두 받아 내라고 지시했어요. 지배인 찰스 커밍햄 보이콧은 소작료 인하를 요구한 소작인을 쫓아내고 경찰의 도움을 받아 결국 소작료를 모두 받아 냈어요.

3문단 먹을 것이 없어 사람이 죽어가는 가운데 이런 일이 일어나자 아일랜드인들은 몹시 화가 났어요. 그들은 힘을 모아 보이콧이 어떠한 일도 할 수 없게 했어요. 집안일을 하던 하녀는 도망가고 우체부는 편지를 배달하지 않았어요. 가게에서는 그에게 물건이나 음식을 팔지 않았어요. 결국 보이콧은 영국으로 쫓겨났고 영국에서는 아일랜드인들의 요구를 일부 들어주게 되었어요.

4문단 이때부터 어떤 일을 거부하며 여러 사람이 힘을 합해 맞서는 일을 '보이콧'이라고 부르게 되었어요. 가장 유명한 보이콧으로는 1955년 미국의 몽고메리 버스 보이콧 운동이 있어요. 버스에서 일어난 인종차별에 반대하여 흑인들이 버스 타기를 거부한 것이었지요. 1년이나 계속된 보이콧으로 결국 버스 안에서 백인과 흑인 자리를 구별하는 등의 인종차별 법이 사라지게 되었답니다.

주목할 어휘

1 **지배** | 자기의 뜻대로 복종하게 하여 다스림

2 **흉년** | 예년에 비하여 농사가 잘 되지 않아 굶주리게 된 해

3 **역병** | 농작물에 생기는 유행병

어휘

3 다음 지시에 따라 어휘를 학습해 보세요.

(1) 지문에서 다음 단어를 찾아 ○표 하고, 그 뜻을 생각해 보세요.

소작농	지주	지배인

(2) 위 단어를 다음의 빈칸 중 알맞은 곳에 쓰세요.

❶ 땅을 빌려줌

소작료를 모아서 줌 ❸

❹ 월급을 줌

❷ 소작료를 냄

어휘

4 다음 빈칸에 알맞은 설명을 쓰세요.

소작 뒤에 붙어 있는 단어의 뜻을 생각해 보세요.

소작

다른 사람의 땅을 빌려 농사를 짓는 일

소작농	소작인	소작료
다른 사람의 땅을 빌려 농사를 짓는 농부	❶	❷

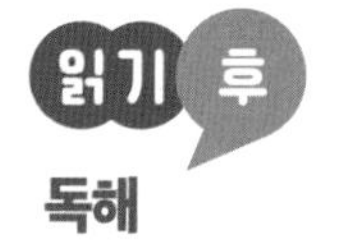

5 다음 요약을 읽으면서 빈칸을 채워 보세요.

❶□□□은 목적을 달성하기 위해 여러 사람이 힘을 합쳐 어떤 일을 ❷□□하는 행위입니다. 보이콧은 원래 ❸□□인의 땅을 관리하는 사람의 이름이었습니다. 그는 큰 ❹□□이 들어 많은 사람이 죽어감에도 불구하고 ❺□□□를 모두 받아 냈습니다. 이에 화난 ❻□□□□인들은 힘을 모아 보이콧이 어떠한 일도 할 수 없게 했어요. 결국 그는 영국으로 도망가게 되었습니다.

❶ .... ❷ ....

❸ .... ❹ ....

❺ .... ❻ ....

읽기 후
쓰기

6 다음 지시에 따라 글을 쓰세요.

(1) 여러분은 지금 굶어 죽을 위기에 처한 아일랜드인입니다.

(2) 보이콧에게는 어떤 서비스도 제공하지 않으려고 합니다.

(3) 다른 아일랜드인들에게 함께하자고 설득하는 글을 쓰세요.

110 너희가 힙합을 아느냐?

1 다음 그림에 알맞은 단어를 보기에서 골라 쓰세요.

보기

그라피티　　브레이크 댄스　　디제잉　　랩

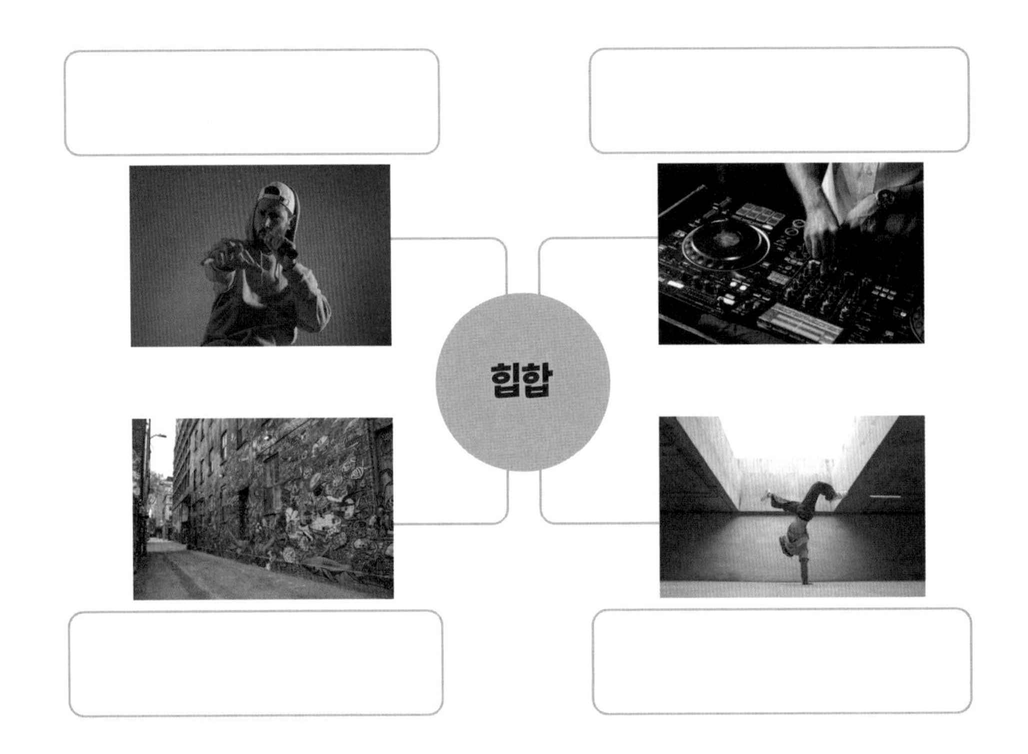

2 다음 지시를 모두 읽은 후 하나씩 따라 하세요.

누구나 책을 읽다가 다른 생각을 합니다. 중요한 건 빨리 책으로 돌아오는 거예요.

(1) 글을 읽다 보면 순간 다른 생각을 할 때가 있습니다.

(2) 이럴 때는 스스로 다른 생각을 하고 있음을 빨리 알아차려야 합니다.

(3) 지문을 읽다 다른 생각이 들면 지문 오른쪽에 ✓표를 합니다.

(4) 다 읽은 후 몇 번 다른 생각을 했고 어떤 생각을 했는지 떠올려 보세요.

지문

너희가 힙합을 아느냐?

1문단 힙합은 원래 '엉덩이를 흔들다'라는 뜻으로, 1970년대 미국의 가난한 흑인[1] 청소년들 사이에서 유행[2]한 거리 문화[3]를 가리킨다. 1990년대 이후 크게 유행해 지금은 전 세계 젊은이가 즐기는 문화가 되었다. 오늘날에는 패션과 예술 등 매우 다양한 곳에서 힙합이라는 말을 쓰지만 원래 힙합에는 크게 4가지 요소가 있었다.

2문단 먼저, 디제잉은 원래 있는 음악을 섞거나 음반을 손가락으로 움직여 나는 소리로 새로운 음악을 만드는 것을 말한다. 1970년대 말 가난한 뉴욕 청소년들이 가지고 있는 음반을 섞어서 틀고 새로운 음악처럼 즐기면서 시작되었다.

3문단 브레이크 댄스는 ㉠디제이가 노래를 틀 때 목소리 없이 리듬만 나오는 부분에서 춤을 추던 것에서 시작되었다. 처음에는 리듬에 맞춰 자유롭게 춤을 추었지만 점점 어려운 기술이 많아졌다. 브레이크 댄스를 추는 사람이 남자면 비보이, 여자면 비걸이라고 부른다.

4문단 랩은 반복되는 리듬에 맞춰 읊조리듯 부르는 노래로, 자기 생각을 솔직하고 자유롭게 표현하는 특징이 있다. 랩의 가사는 주로 가난과 차별에서 겪는 어려움인 경우가 많았다. 이 영향으로 오늘날의 ㉡래퍼들 역시 슬픔과 분노 등을 노랫말에 담아 빠르게 뱉어 낸다.

5문단 그라피티는 건물 벽이나 다리 같은 건축물에 낙서처럼 그린 그림을 뜻한다. 공공장소나 남의 건물에 몰래 하는 낙서라 불법이다. 사전에 허락받지 않고 그라피티를 하면 법에 의해 처벌받기 때문에 미국 외 다른 나라에서는 크게 유행하지 못했다.

주목할 어휘
1 **흑인** | 피부가 검은 인종. 비하의 의미로 받아들여지기도 해서 아프리카계라고도 한다.
2 **유행** | 특정한 행동 양식이나 사상 따위를 많은 사람이 따라함
3 **문화** | 한 사회의 구성원들이 공유하는 행동과 생활의 방식

어휘

3 다음 지시에 따라 단어의 뜻을 짐작해 보세요.

(1) 다음 두 문장을 잘 읽고 ㉠디제이의 뜻을 짐작해 쓰세요.

문장 1	디제잉은 원래 있는 음악을 섞거나 음반을 손가락으로 움직여 나는 소리로 이용해 새로운 음악을 만드는 것을 말한다.
문장 2	브레이크 댄스는 ㉠디제이가 노래를 틀 때 목소리 없이 리듬만 나오는 부분에서 춤을 추던 것에서 시작되었다.

(2) ㉡래퍼 역시 그 뜻을 짐작해 보고 뜻과 이유를 쓰세요.

독해

4 문단별로 가장 중요한 단어를 찾아 다음 표를 완성하세요.

각 문단이 무엇을 설명하려 하는지 찾아보세요.

문단	핵심 단어
1문단	힙합
2문단	
3문단	
4문단	
5문단	

독해

5 다음 중 힙합에 대한 설명으로 틀린 것을 고르세요. (   )

① 힙합은 1970년대 영국에서 유행한 거리 문화이다.

② 힙합은 크게 디제잉, 브레이크 댄스, 랩, 그라피티로 이루어진다.

③ 브레이크 댄스를 추는 사람을 비보이 혹은 비걸이라고 한다.

④ 랩은 반복되는 리듬에 주로 자신의 어려움을 말한다.

⑤ 그라피티는 불법이라 우리나라에서는 크게 유행하지 못했다.

쓰기

6 내가 힙합을 한다면 디제잉, 브레이크 댄스, 랩, 그라피티 중에서 무엇을 하고 싶나요?

나는 .... 을 하고 싶습니다.

왜냐하면 ....

....

....

....

....

111 우리 태양계 속 다양한 별

배경지식

1 다음 그림에 맞는 이름을 보기에서 찾아 쓰세요.

보기

지구 수성 토성 천왕성 금성 화성 목성 해왕성

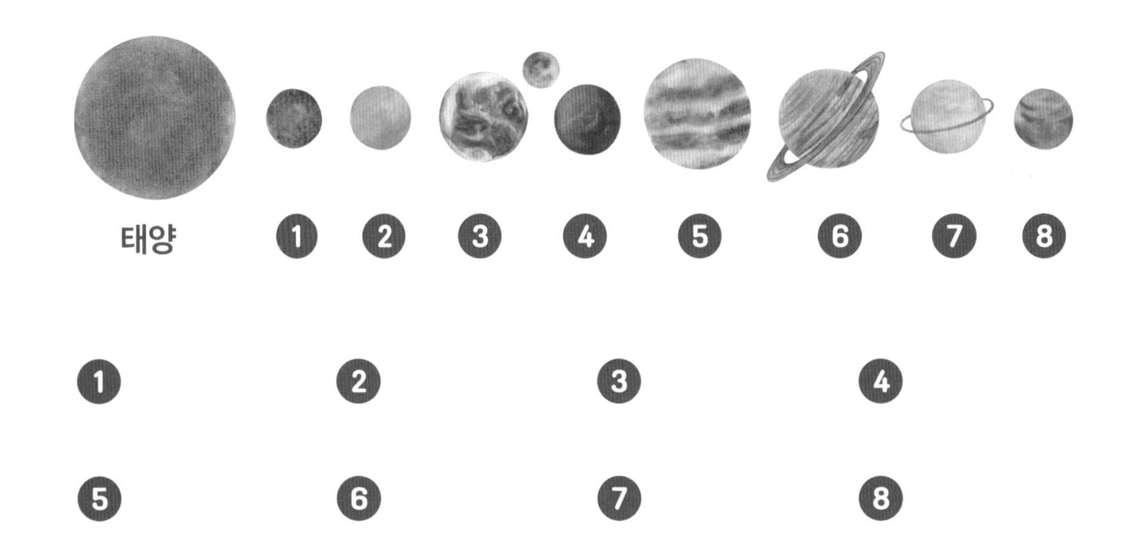

1 2 3 4

5 6 7 8

유창성

의미에 따라 끊어 읽으면 이해에 도움이 됩니다.

2 다음 안내문을 읽은 후 지시를 따르세요.

(1) 글을 읽을 때는 중간중간 적절히 쉬어 가며 읽어야 합니다.

(2) 문장이 바뀌거나 의미가 바뀔 때 쉬어 주면 됩니다.

(3) 다음처럼 의미가 바뀌면 쉬는 것입니다.

아버지는 어제 산에 다녀오신 후 / 코를 골며 낮잠을 주무셨다.

(4) 1문단을 읽으면서 끊어 읽으면 좋을 곳에 /표 하세요.

지문

우리 태양계 속 다양한 별

1문단 아침이 되면 태양이 뜨고 밤이 되면 달이 떠요. 고개를 들어 하늘을 보면 늘 볼 수 있는 태양과 달은 우주에 존재하는 물체인 천체[1] 중 하나예요. 가끔 운이 좋으면 볼 수 있는 금성과 우리 지구 역시 모두 천체이지요. 우리 지구가 속해 있는 태양계의 천체들에 대해 알아볼까요?

2문단 우리 태양계의 중심에는 태양이 있어요. 태양은 지구보다 130만 배 더 큰 엄청나게 큰 천체예요. 상대적인 위치가 거의 변하지 않아 항상 같은 자리에 있는 별이라는 뜻으로 항성이라고 불러요. 스스로 빛을 낸다는 특징도 있으며 자신의 주위를 도는 모든 천체에 영향을 미쳐요.

3문단 태양을 중심에 두고 빙글빙글 도는 천체가 있어요. 수성, 금성, 지구, 화성, 목성, 토성, 천왕성, 해왕성이 그렇습니다. 제자리에 있는 항성과 달리 계속 움직이고 있어서 행성이라고 불러요. 태양과 달리 스스로 빛을 내지는 못하며 태양 빛을 반사시켜 밝게 빛나 보입니다.

4문단 지구가 태양 주위를 도는 것처럼 지구 주위를 도는 천체도 있어요. 바로 달입니다. 달처럼 행성 주위를 도는 천체를 위성이라고 해요. 지구에는 위성이 달 하나뿐이지만, 토성이나 목성처럼 여러 개의 위성을 가진 경우도 있답니다.

5문단 그 외에 별똥별이라고 불리는 유성, 행성보다 훨씬 작은 소행성들도 태양계를 이루는 여러 천체 중 하나이지요. 천체를 관측[2]하는 첨단 기술[3]이 발달하면서, 이전에는 알지 못했던 태양계의 다양한 천체들이 발견되고 있어요. 앞으로 태양계의 숨겨진 모습들을 점점 더 많이 알 수 있게 될 거예요.

주목할 어휘
1 **천체** | 우주에 존재하는 모든 물체
2 **관측** | 자연 현상을 관찰하고 측정하는 일
3 **첨단 기술** | 수준이 높고 선구적인 과학기술

독해

설명이 무엇에 관한 설명인지 표시하면 이해하기 좋습니다.

3 다음 지시에 따라 태양계 천체의 종류와 그 특징을 정리해 봅시다.

(1) 지문에서 항성이라는 단어를 찾아 ○표 하세요.

(2) 항성에 대한 설명을 찾아 밑줄을 그으세요.

(3) 행성과 위성에 ○표 하고, 설명에는 밑줄을 그으세요.

(4) 천체의 종류와 그에 대한 설명을 선으로 연결하세요.

항성 •	• 행성 주위를 도는 천체
행성 •	• 항상 같은 자리에 있는 천체
위성 •	• 항성 주위를 계속 움직이는 천체

어휘

단어를 공부할 때 소리와 의미의 관련성을 생각하면 좋습니다.

4 다음 지시를 모두 읽은 후 하나씩 따라 하세요.

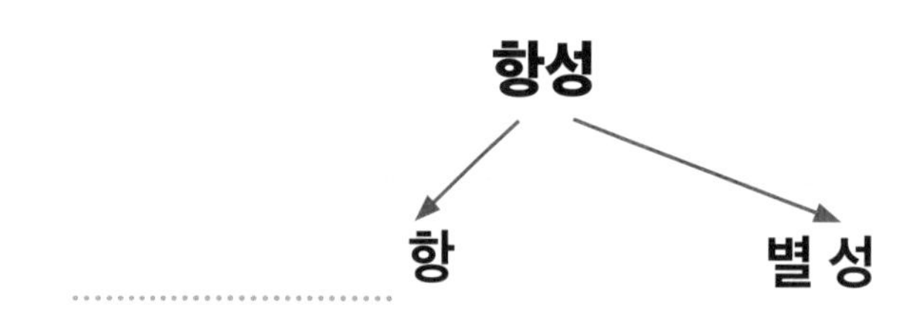

항상 같은 자리에 있는 별

(1) 항성을 항과 성으로 잘라 봅니다.

(2) 항성의 의미를 볼 때 항에는 어떤 뜻이 있을까요?

(3) 그 뜻을 의미에서 찾아 쓰고 화살표로 연결해 보세요.

5 다음 지시를 모두 읽은 후 하나씩 따라 하세요.

(1) 하나의 문장을 읽고도 여러 가지 질문을 할 수 있습니다.

(2) 다음 예시를 읽어 보세요.

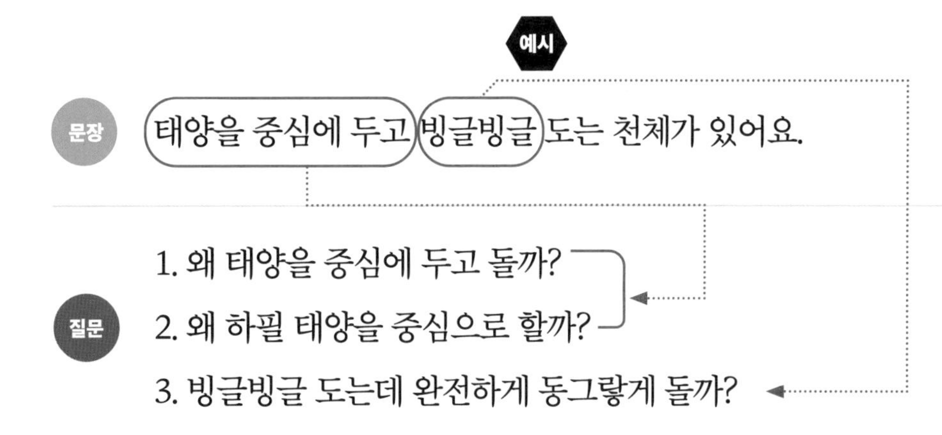

(3) 제시된 문장을 보고 여러분의 질문을 만들어 보세요.

문장 스스로 빛을 낸다는 특징도 있으며 자신의 주위를 도는 모든 천체에 영향을 미쳐요.

질문

•

6 문제 1의 그림과 지문을 참고하여 우리 태양계를 상상하여 그려 보세요.

공간이 작다면
노트에 그려 보세요.

112 반갑지 않은 손님, 황사

배경지식

1 다음을 읽고 내용이 진실인지 거짓인지 골라 보세요.

내용	진실	거짓
황사는 주로 겨울에 온다.		
황사는 도움이 되는 점도 있다.		
황사가 오면 외출하지 않는 것이 좋다.		

유창성

2 다음 지시에 따라 지문을 읽으세요.

사람마다 조금씩 다르게 끊어 읽을 수 있습니다.

(1) 글을 읽을 때는 중간중간 적절히 쉬어 가며 읽어야 합니다.

(2) 의미가 바뀌는 곳에서 쉬어 주면 됩니다.

(3) 의미가 연결되면 연결해서 읽고 의미가 바뀌면 쉽니다.

(4) 다음 예시를 살펴보세요.

추운 겨울이 지나면 / 봄을 알리는 반가운 봄꽃들이 / 차례대로 피어나요.

(5) 1문단에서 쉬면서 읽을 곳에 /표 하면서 지문을 읽으세요.

지문

반갑지 않은 손님, 황사

1문단 추운 겨울이 지나면 봄을 알리는 반가운 봄꽃들이 차례대로 피어나요. 하지만 봄에 찾아오는 반갑지 않은 손님도 있지요. 하늘을 온통 뒤덮는 누렇고 뿌연 먼지, 바로 황사예요. 황사는 중국과 몽골의 사막지대에서 생긴 모래 폭풍과 흙먼지인데, 이것이 편서풍[1]을 타고 우리나라로 오는 거예요. 황사는 봄철, 특히 4월에 가장 심하지만 요즘에는 겨울에도 나타날 때가 있어요.

2문단 황사는 우리 생활에 여러 나쁜 영향을 끼쳐요. 먼저 천식이나 기관지염 등 호흡기 질환[2]을 비롯해 알레르기나 눈병 등을 일으켜요. 그래서 봄에는 이비인후과를 찾는 사람들이 늘어난답니다. 황사는 사람뿐 아니라 나무와 농작물이 자라는 것도 방해해요. 반도체 같은 정밀 기계[3]의 고장을 일으키기도 하고요. 태양빛을 막아 시야를 흐리게 하기 때문에 비행기가 뜨고 내릴 때 사고 위험도 높아져요.

3문단 놀랍게도 황사가 도움이 되는 점도 조금은 있어요. 황사는 염기성이라 땅이 산성화되는 걸 어느 정도 막아 줘요. 그래서 북유럽에서는 땅이 산성화되면 황사와 성질이 비슷한 염기성 흙을 뿌린답니다. 하지만 황사로 인해 도움을 받는 것보다는 피해를 입는 것이 훨씬 커요.

4문단 황사의 피해를 줄이려면 어떻게 하면 좋을까요? 우선 황사가 심한 날엔 창문을 잘 닫고, 되도록 외출이나 야외 활동을 하지 않도록 해요. 꼭 나가야 할 때는 긴소매 옷을 입고 마스크와 모자, 안경 등을 착용하는 게 좋아요. 외출 후 집에 들어오기 전에 몸의 먼지를 잘 털어 줘요. 그리고 집에 돌아오면 바로 손발을 잘 씻어요. 눈과 코의 먼지를 식염수로 씻어 내면 더욱 좋아요. 물을 충분히 마시는 것도 도움이 돼요. 황사 주의보가 해제되면 창문을 열고 충분히 환기해 주어야 합니다.

주목할 어휘

1 **편서풍** | 서쪽에서 동쪽으로 치우쳐 부는 바람
2 **호흡기 질환** | 숨 쉬는 기능을 하는 기관에 생긴 질병
3 **정밀 기계** | 매우 정교하게 만들어지고 작동하는 기계

어휘

3 다음 지시에 따라 어휘를 학습하세요.

(1) 이비인후과는 한자어로 다음처럼 이루어진 단어입니다.

이	비	인	후	과
귀 이	코 비	목구멍 인	목구멍 후	과목 과

(2) 이비인후과에 갔던 경험을 떠올려 보세요.

(3) (1)과 (2)를 이용하여 이비인후과에서 하는 진료를 설명해 보세요.

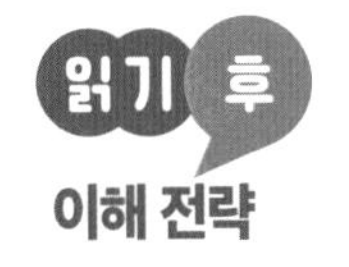

이해 전략

4 다음 지시에 따라 황사 피해를 줄이는 방법을 정리하세요.

(1) 황사 피해를 줄이는 방법을 설명한 문단을 찾으세요.

(2) 순서대로 번호를 매기고 밑줄을 그으세요.

(3) 다음에 정리하세요.

앞 페이지와 현재 페이지를 왔다 갔다하면서 실수 없이 옮겨 적도록 합니다.

❶ 창문을 잘 닫고, 되도록 외출이나 야외 활동을 하지 않는다.

❷

❸

❹

❺

❻

❼

독해

5 다음 중 이 글을 가장 잘 요약한 문장을 고르세요. (　　　　)

① 겨울이 지나면 꽃도 피지만 반갑지 않은 손님도 찾아온다.

② 황사는 천식이나 기관지염 등 호흡기 질환을 일으킨다.

③ 황사 피해를 줄이기 위해 노력해야 한다.

④ 황사는 도움이 되는 점도 조금은 있다.

⑤ 황사 주의보가 해제되면 충분히 환기해 주어야 한다.

본문에 나온 내용 중에서 가장 대표적인 문장을 찾아보세요.

쓰기

6 다음 지시에 따라 황사 피해를 줄이는 가장 중요한 방법을 고르세요.

(1) 황사 피해를 줄이는 방법 중 가장 중요한 것은 무엇이라고 생각하나요?

(2) 앞에서 나온 방법 중 하나를 고르세요.

(3) 그것이 가장 중요하다고 생각하는 이유를 쓰세요.

여러분이 고른 방법이 가장 중요하다는 사실을 설명해 보세요.

황사 피해를 줄이는 데 가장 중요한 방법은 ....

.... 입니다. 왜냐하면

....

....

....

....

113 슈퍼박테리아가 나타났다!

어휘

1 다음 지시에 따라 단어의 뜻을 추측해 봅니다.

(1) 영어에서 슈퍼(Super)는 대단한, 굉장히 강한, 특별한을 뜻합니다.

(2) 그래서 슈퍼맨(Superman)은 .... 라는 뜻이지요.

(3) 박테리아는 세균을 뜻합니다.

(4) 그래서 슈퍼박테리아는 .... 라는 뜻입니다.

이해 전략

머릿속으로
생각만 하는 것보다
실제로 말하는 것이
더 좋습니다.

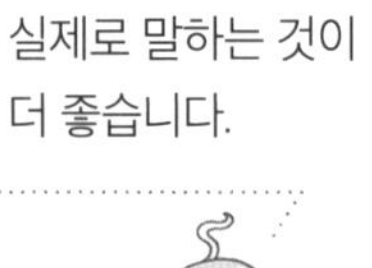

2 다음 지시에 따라 지문을 읽으세요.

(1) 지문을 읽을 때 여러분의 생각을 소리 내어 말합니다.

(2) 예를 들어 다음처럼 하세요.

- 이해가 안 될 때: 이게 무슨 뜻이지?
- 읽는 법을 모를 때: 이건 어떻게 읽어야 해?
- 새로운 것을 알았을 때: 아, 그래서 이랬구나!

지문

슈퍼박테리아가 나타났다!

1문단 항생제란 박테리아라고도 불리는 세균 같은 미생물을 없애거나 못 자라도록 막는 약을 말해요. 항생제 덕분에 우리는 세균으로 인해 발생[1]하는 많은 병을 치료하고, 상처가 곪는 것도 막을 수 있어요. 그런데 항생제를 자주 사용하다 보니 심각한 문제가 생겼어요. 바로 슈퍼박테리아가 생겨난 거예요. 슈퍼박테리아는 무엇이고 어쩌다 생겨난 것일까요?

2문단 슈퍼박테리아란 어떤 항생제도 ㉠듣지 않는 강력한 박테리아를 뜻해요. 오랜 기간 항생제를 사용하자 항생제가 잘 듣지 않는 돌연변이[2] 균이 나타났어요. 그러자 사람들은 이를 없애기 위해 더 강력한 항생제를 사용하게 되었지요. 하지만 세균 역시 더 강해져 항생제를 이겨 내는 또 다른 돌연변이가 생겨났어요. 이렇게 세균과 항생제가 경쟁을 하다 마침내 어떤 항생제도 듣지 않는 박테리아가 생겨났는데, 이를 슈퍼박테리아라고 한답니다.

3문단 ㉡슈퍼박테리아는 건강한 사람에게는 거의 생기지 않으니 크게 걱정할 필요는 없어요. ㉢수많은 항생제를 이미 사용해 항생제에 익숙해진 중환자[3]들 사이에서 주로 생겨요. ㉣하지만 때로는 병원 내 각종 수술 기구나 주사 등을 통해 전염되기도 해요. ㉤전염병에는 매우 다양한 종류가 있어요. ㉥그런 경우 짧은 시간 안에 많은 사람들의 목숨을 앗아 가지요.

4문단 지금까지 개발된 가장 강력한 항생제도 전혀 듣지 않는 슈퍼박테리아가 발견됨에 따라 과학자들은 이 문제를 해결하기 위해 여러모로 노력하고 있어요. 단순히 더 강력한 항생제를 만드는 것이 아니라 완전히 새로운 방법을 찾고 있지요. 예를 들어 슈퍼박테리아를 잘게 쪼개서 없애는 방법을 연구 중이랍니다.

주목할 어휘
1 **발생** | 어떤 일이나 사물이 생겨남
2 **돌연변이** | 생물체에서 윗세대에게 없던 특징이 나타나 유전하는 현상
3 **중환자** | 병세나 상처 따위의 정도가 매우 심한 사람

어휘

3 다음 중 '듣다'가 ㉠듣지 않는과 같은 의미로 사용된 문장을 고르세요. (　　　　)

같은 모양이지만 뜻이 다른 단어가 많습니다.

① 두통에 잘 듣는 약 있을까요?

② 동생은 음악을 듣고 있었다.

③ 너는 도대체 왜 엄마 말을 듣지 않니?

④ 수업을 듣다 잠시 딴 생각을 했다.

⑤ 선생님께 꾸지람을 들었다.

독해

4 다음 지시에 따라 필요 없는 문장을 찾으세요.

(1) 3문단에는 총 5개의 문장이 있습니다.

(2) 이 중 한 문장은 내용의 흐름상 관련이 없습니다.

(3) 다음 중 3문단에서 빼야 하는 문장을 고르세요. (　　　　)

전체적인 흐름과 어울리지 않는 문장을 골라내 보세요.

2문단 ㉡슈퍼박테리아는 건강한 사람에게는 거의 생기지 않으니 크게 걱정할 필요는 없어요. ㉢수많은 항생제를 이미 사용해 항생제에 익숙해진 중환자[3]들 사이에서 주로 생겨요. ㉣하지만 때로는 병원 내 각종 수술 기구나 주사 등을 통해 전염되기도 해요. ㉤전염병에는 매우 다양한 종류가 있어요. ㉥그런 경우 짧은 시간 안에 많은 사람들의 목숨을 앗아 가지요.

① ㉡　② ㉢　③ ㉣　④ ㉤　⑤ ㉥

5 다음 지시에 따라 정보의 위치를 확인하세요.

(1) 다음은 이 글에서 다룬 내용입니다.

(2) 이 내용이 몇 문단에 나오는지 찾아 쓰세요.

(3) 이 글에서 다루지 않은 내용에는 X표 하세요.

내용	문단
슈퍼박테리아가 나오게 된 원인	
박테리아와 세균의 공통점과 차이점	
슈퍼박테리아라는 문제를 해결하기 위한 방법	
항생제 사용을 주의해야 한다는 주장	
슈퍼박테리아가 무엇인지에 대한 설명	

6 다음 지시에 따라 지문을 요약해 보세요.

(1) 글을 요약하면 이해하는 데 큰 도움이 됩니다.

(2) 요약할 때는 가장 중요한 것만 남기고 나머지는 버려야 합니다.

(3) 각 문단을 1문장으로 요약해 보세요.

1문단: ....

2문단: ....

3문단: ....

4문단: ....

114 어떤 시설이 들어올까?

배경지식

1 다음 중 자기 집 근처에 있기를 바라는 시설에는 ○표 하고, 없기를 바라는 시설에는 X표 하세요.

더럽거나
위험한 시설을
생각해 보세요.

핵폐기장	공원	쓰레기 소각장	종합병원
지하철역	**쓰레기 매립장**	**대학교**	**원자력 발전소**

이해 전략

2 다음 지시에 따라 지문을 읽어 보세요.

(1) 이 글에서 가장 중요한 단어 2개를 찾아보세요.

(2) 단어를 찾으면 ○표 하세요.

(3) 그 단어의 뜻을 찾아 밑줄 그으세요.

(4) 찾은 단어와 뜻을 화살표로 연결하세요.

황소는 큰 수컷 소를 뜻한다.

지문

어떤 시설이 들어올까?

1문단 쓰레기 소각장, 쓰레기 매립장, 원자력 발전소 그리고 핵폐기장 등 더럽거나 위험한 시설[1]이 자기 집 가까이 생기는 걸 좋아하는 사람은 없을 거예요. 이렇게 사람들이 싫어하는 시설이 자기 마을에 생기는 것을 반대하는 현상을 님비(NIMBY)라고 해요. '내 뒷마당은 안 돼'라는 뜻의 영어 'Not In My Back Yard'의 첫 글자를 따서 만들어진 단어지요.

2문단 자기 마을만 생각하는 지역 이기주의라고 비판받기도 하지만, 님비 현상이 꼭 나쁜 것만은 아니에요. 그만큼 민주주의[2]가 발달했다는 증거이기도 하고, 핵폐기장 같은 시설이 들어와서 마을 사람들의 건강에 해를 끼칠 수도 있다면 꼼꼼히 살펴볼 문제니까요. 이런 중요한 일은 마을 사람들의 생각을 충분히 듣고, 서로 의견을 맞춰 가며 결정해야 해요.

3문단 그러나 노인이나 장애인을 위한 복지[3] 시설 등 마땅히 생겨야 하는 시설에 대해 반대하는 님비 현상은 사라져야 해요. 위협이 되지 않는데도 불구하고 단지 보기 좋지 않다는 이유로 반대하기 때문이에요. 그것은 성숙한 시민의 자세가 아니고, 우리나라가 복지국가로 나아가는 데 걸림돌이 될 뿐이지요.

4문단 님비와 반대로 어떤 시설은 서로 자기 마을에 생기도록 앞다투어 노력하는 경우도 있어요. 예를 들어 지하철역, 종합병원, 대학교, 공원처럼 편리하고 지역 발전을 돕는 시설의 경우지요. 이런 현상은 핌피(PIMFY) 현상이라고 해요. '내 앞마당에 부탁해'라는 뜻의 영어 'Please In My Front Yard'의 줄임말이에요.

5문단 핌피 역시 자기 마을만 생각하는 지역 이기주의라는 비판을 받기도 해요. 하지만 자기가 살고 있는 지역에 대한 애정을 갖고, 마을의 좋은 점들을 널리 알리는 운동을 하는 등 좋은 면도 있답니다.

주목할 어휘

1 **시설** | 여러 사람의 편리를 위해 세운 설비

2 **민주주의** | 국민이 국가의 주인이 되는 사상

3 **복지** | 행복하게 살 수 있는 사회 환경

3 다음 지시에 따라 내용을 정리해 보세요.

교과서를 공부할 때 이 방법을 사용해 보세요.

(1) 타이머를 1분에 맞춥니다.

(2) 지문에서 기억나는 내용을 1분간 말로 설명합니다.

(3) 지문을 다시 읽습니다.

(4) 타이머를 1분에 다시 맞춥니다.

(5) 아까 말하지 못한 내용을 다시 1분간 말로 설명합니다.

4 다음 지시에 따라 님비 현상에 대해 설명해 보세요.

부모님이나 형제 자매에게 설명하면 가장 좋습니다.

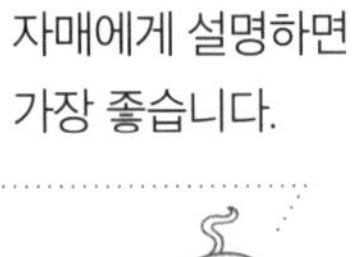

(1) 님비 현상을 설명하고 있는 문단을 찾으세요.

(2) 님비 현상의 문제점을 찾아 -표 하고 밑줄 그으세요.

(3) 님비 현상의 긍정적인 점을 찾아 +표 하고 밑줄 그으세요.

(4) 지문을 덮고 님비 현상에 대해 설명해 보세요.

읽기 후

독해

5 다음 지시에 따라 <u>틀린</u> 설명을 고쳐 보세요.

(1) 다음 설명이 지문의 내용과 일치하면 ○표, 틀리면 X표 하세요.

① 님비와 핌피는 마을에 무언가 생기는 일에 반대하는 반응이다. (　　　)

② 님비와 핌피는 문제가 되기 때문에 반드시 사라져야 한다. (　　　)

③ 님비와 핌피는 영어 문장에서 마지막 글자를 따서 만들었다. (　　　)

(2) X표 한 문장은 틀린 부분에 줄을 긋고 바르게 고치세요.

6 님비 현상과 핌피 현상에 대한 여러분의 생각을 글로 쓰세요.

(1) 여러분이 실제로 그런 상황에 놓였다고 생각해 보세요.

(2) 여러분 동네에 혐오 시설이 들어오려고 한다면 어떨까요?

(3) 만약 혐오 시설이라고 모두가 거부한다면 어떻게 될까요?

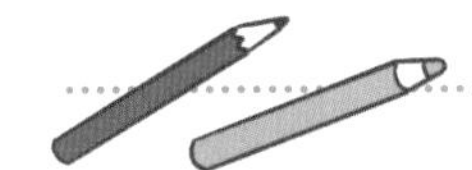

115 야구 감독이 유니폼을 입는 이유

이해 전략

전체적으로 어떤 내용인지 빠르게 살펴보는 방법입니다.

1 다음 지시에 따라 지문을 살펴보세요.

(1) 다음 페이지의 지문을 빠르게 살펴보겠습니다.

(2) 천천히 제대로 읽는 것이 아니라 구경하듯 간단히 봅니다.

(3) 아래 그림처럼 문단별로 빠르게 살펴봅니다.

(4) 기억에 남는 단어나 내용을 쓰세요.

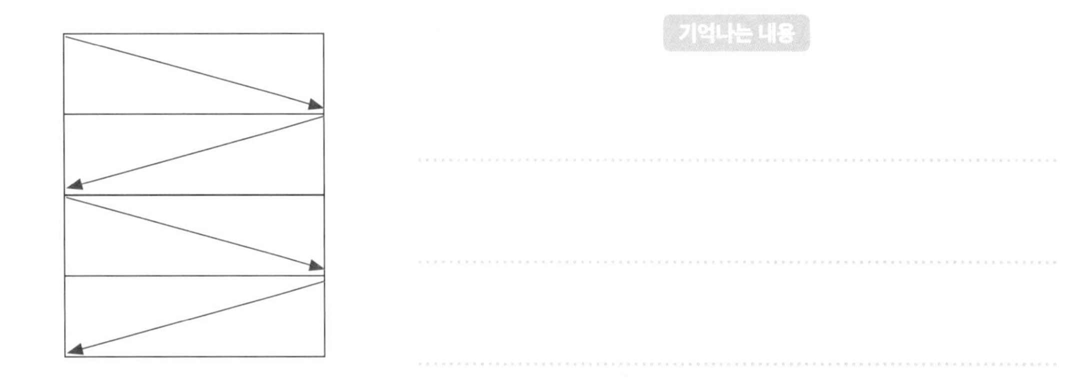

읽기 중

이해 전략

순서를 나타내는 말은 매우 중요합니다.

2 다음 지시에 따라 지문을 읽어 보세요.

(1) 글에는 때로 순서를 나타내는 표현이 있습니다.

(2) 다음은 순서를 나타내는 표현의 예시입니다.

우선 다음으로 마지막으로 첫째 둘째 첫 번째 두 번째

(3) 지문에서 순서를 나타내는 표현이 나오면 ○표 하세요.

지문

야구 감독이 유니폼을 입는 이유

1문단 스포츠 경기를 볼 때 감독의 옷차림을 유심히 본 적이 있나요? 축구나 배구, 농구 감독은 넥타이를 매고 구두를 신는 등 주로 양복을 입고 있어요. 반면 야구 감독은 야구 유니폼[1]을 입고 있어요. 등번호와 이름까지 새겨진 선수와 완전히 똑같은 유니폼이지요. 왜 유독 야구 감독만 선수 유니폼을 입고 있는 걸까요?

2문단 첫 번째, 야구가 처음 만들어질 당시에는 선수가 감독을 ㉠겸임했기 때문이라고 해요. 지금은 감독과 선수가 구분되어 있지요. 감독은 감독 역할만 하고 선수는 선수 역할만 합니다. 반면 야구가 처음 생겼을 때는 이런 구분이 없어서 뛰어난 선수가 감독 역할까지 했다고 해요. 이렇게 감독이 선수로도 뛰어야 하기 때문에 유니폼을 입었답니다.

3문단 두 번째, 감독과 선수가 한 팀이라는 사실을 강조하기 위해서라고 해요. 같은 옷을 입음으로써 감독과 선수가 같은 목표를 가진 동료[2]라는 생각을 갖게 하는 거지요. 물론 감독과 선수가 한마음 한뜻으로 움직이는 것은 어느 종목에서나 중요해요. 하지만 야구는 처음 만들어질 때부터 이런 정신을 특히 강조했는데, 이것이 전통[3]으로 내려왔다고 합니다.

4문단 세 번째, 야구 감독은 다른 종목과 달리 경기장에 들어갈 때가 있기 때문이에요. 다른 운동경기의 감독은 경기장 밖에서 계획을 세우고 지시를 내리지요. 반면 야구 감독은 투수를 바꾸거나 흔들리는 투수를 격려하기 위해 경기장에 들어갈 때가 있어요. 실제 경기가 일어나는 공간 안으로 들어가는 만큼 그 공간에 어울리도록 유니폼을 입는 거랍니다.

주목할 어휘

1 **유니폼** | 단체 경기를 하는 선수들이 똑같이 입는 운동복

2 **동료** | 같은 직장이나 같은 부문에서 함께 일하는 사람

3 **전통** | 어떤 집단에서 예전부터 내려오는 생각, 행동의 양식

어휘

3 다음 지시에 따라 ㉠겸임의 뜻을 짐작해 보세요.

(1) 2문단을 다시 읽어 보세요.

(2) 내가 생각하는 겸임의 뜻을 쓰세요.

지금까지 배웠던 모르는 단어의 뜻을 추측하는 다양한 방법을 사용해 보세요.

(3) 그렇게 생각한 이유를 쓰세요.

그래픽 조직자

4 야구 감독이 유니폼을 입는 이유를 다음 표에 정리하세요.

야구 감독이 유니폼을 입는 이유

단어의 순서에도 관심을 가져야 합니다.

5 다음 중 넥타이 : 구두 : 양복의 관계와 다른 관계를 고르세요. (　　　　)

축구나 배구, 농구 감독은 넥타이를 매고 구두를 신는 등 주로 양복을 입고 있어요.

① 햄 : 라면 사리 : 부대찌개

② 운동화 : 신발 끈 : 깔창

③ 유리창 : 방문 : 집

④ 줄기 : 나뭇잎 : 나무

⑤ 바퀴 : 핸들 : 자동차

문제를 내다 보면 지문을 더 자세히 살펴보게 됩니다.

6 다음 지시에 따라 문제를 만들어 보세요.

(1) 여러분은 국어 선생님입니다.

(2) 지문을 이용하여 문제를 내려고 합니다.

(3) 지문에서 답을 찾을 수 있는 문제를 2개 만들어 보세요.

문제 1 : ....

답 : ....

문제 2 : ....

답 : ....

116 유전자 재조합 식품이 뭘까?

1 다음 설명을 읽고 진실인지 거짓인지 골라 보세요.

설명	진실	거짓
사람들은 음식이 안전하길 기대한다.		
유전자 재조합 식품은 건강에 매우 좋다.		
현재 유전자 재조합 식품은 옥수수가 유일하다.		

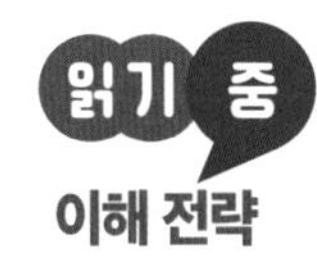

2 다음 지시에 따라 지문을 읽어 보세요.

교과서에서도 굵은 글씨는 한 번 더 살펴보세요.

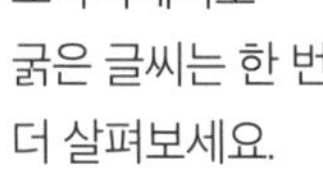

(1) 글자에 특수한 효과를 준 경우가 있습니다.

(2) 이번 지문에 있는 굵은 글씨가 바로 그 예입니다.

(3) 굵은 글씨는 대부분 내용을 이해하는데 있어 매우 중요합니다.

(4) 굵은 글씨는 다시 한번 읽어 보고 그 뜻도 자세히 생각해 보세요.

지문

유전자 재조합 식품이 뭘까?

1문단 요즘에는 **식재료 안전성**에 많은 사람들이 관심을 가지고 있어요. 식재료 안전성은 무엇일까요? 우선 **식재료**란 음식의 재료를 뜻해요. 그리고 안전성이란 안전한 성질을 말하지요. 그래서 식재료 안전성이란 ㉠ ______________. 식재료 안전성을 강조하기 위해 **유전자 재조합 식품**이 들어가지 않았다는 식품 광고도 볼 수 있는데요. 그렇다면 유전자 재조합 식품은 또 뭘까요?

2문단 우선 **유전**이란 태어날 때 어떤 성질을 부모로부터 물려받는 것을 뜻해요. 사람의 경우 생김새, 키 등이 유전되고 식물의 경우 맛, 영양 성분 등이 유전되지요. 이처럼 유전이 되는 과정에서 부모의 특징을 담고 있다가 자식에게 전달하는 물질을 **유전자**라고 말해요. 마지막으로 **재조합**은 이런 유전자의 특징을 사람이 일부러 바꾸는 걸 말하지요. 그래서 **유전자 재조합 식품**이란 ㉡ ______________.

3문단 유전자 재조합을 통해 더 많이 생산[1]할 수 있는 옥수수, 더 오랫동안 상하지 않는 토마토, 더 전염병에 강한 콩 등을 만들 수 있어요. 그래서 유전자 재조합 기술이 식량[2] 문제를 막아 줄 것으로 기대돼요. 하지만 걱정도 있어요. 유전자 재조합 식품이 우리 몸에 어떤 영향을 끼칠지 확실하지 않기 때문이지요. 지금 당장은 문제가 나타나지 않지만 시간이 지난 후 우리가 예상치 않은 문제가 나타날지도 몰라요.

4문단 어느 쪽 의견이 옳은지 아직 알 수 없어요. 아직 확실한 연구 결과가 없기 때문이에요. 좀 더 저렴하게 품질[3] 좋은 식품을 먹고 싶다면 사용할 수도 있겠지만 혹시나 모를 결과가 걱정된다면 피하는 것도 방법이에요.

주목할 어휘
1 **생산** | 인간이 생활하는 데 필요한 각종 물건을 만들어 냄
2 **식량** | 생존을 위하여 사람의 먹을거리
3 **품질** | 물건의 성질과 바탕

어휘

3 다음 지시에 따라 어휘를 학습해 보세요.

(1) 다음 단어에는 모두 '식'이라는 글자가 들어갑니다.

(2) 단어에 들어간 '식'이 식재료의 '식'과 같은 의미라면 ○표 하세요.

(3) 만약 다른 의미라면 X표 하세요.

음식	식당	지식	식사
의식주	**결혼식**	**간식**	**식물**

독해

4 다음 지시에 따라 ㉠과 ㉡에 들어갈 내용을 쓰세요.

앞에 나온 설명을 자연스럽게 연결해 보세요.

(1) 식재료 안정성은 무엇인가요?

(2) 1문단을 다시 읽고 정리해 보세요.

식재료 안전성이란 ㉠ ....

(3) 유전자 재조합 식품은 무엇인가요?

(4) 2문단을 다시 읽고 정리해 보세요.

유전자 재조합 식품이란 ㉡ ....

5 다음을 읽고 알맞은 곳에 ○표 하고, 빈칸을 채우세요.

글쓴이는 유전자 재조합 식품에 대해 어떻게 생각하고 있나요?

안전하다　　안전하지 않다　　알 수 없다.

그렇게 생각하는 이유는 무엇인가요?

6 다음 질문에 답한 후 생각을 정리하여 글을 쓰세요.

(1) 여러분은 유전자 재조합 식품에 대해 어떻게 생각하나요?

(2) 왜 그렇게 생각하나요?

(3) 먹을 건가요, 아니면 먹지 않을 건가요?

117 재화와 용역

배경지식

어떤 기준으로
나누면 좋을지
먼저 정해 보세요.

1 다음을 두 항목으로 나누고 그 기준을 쓰세요.

택배 배달	초콜릿	핸드폰	집짓기	고구마 캐기
화분	말 타기 체험	쓰레기통	자동차	청소

•	•

이해 전략

2 다음 지시에 따라 지문을 읽으세요.

(1) 긴 글을 처음부터 끝까지 한 번에 읽으면 내용이 잘 기억나지 않을 때가 많습니다.

(2) 이럴 때는 문단마다 어떤 내용이었는지 정리하면서 읽으면 좋습니다.

(3) 한 문단을 읽을 때마다 읽기를 멈추고 어떤 내용인지 설명해 봅니다.

(4) 전체를 다 읽은 후 다시 한번 전체 내용을 설명해 봅니다.

지문

재화와 용역

1문단 안녕? 여기는 캐나다 퀘백이야. 우리 집은 메이플 시럽 농장[1]을 해. 저 앞에 단풍나무 숲이 보이지? 저 단풍나무들의 수액[2]을 모아서 솥에 넣고 팔팔 끓여. 한참 끓여서 알맞게 졸이면,[3] 그게 바로 메이플 시럽이 되는 거야. 이 메이플 시럽은 전 세계로 팔려 나가.

2문단 우리 농장에선 메이플 시럽만 파는 건 아니야. 이른 봄이면 우리는 농장 문을 열고 손님을 맞아들이지. 메이플 시럽 농장 체험 프로그램을 운영하기 때문이야. 옛날 방식대로 나무에 매단 양동이로 수액을 모으고, 마차를 타고 수액을 옮겨 보기도 하지. 그 중에서도 어린이 손님이 가장 좋아하는 게 뭔지 아니? 바로 차가운 눈에 수액을 부어 메이플 태피를 만들어 먹는 거야.

3문단 메이플 시럽, 메이플 버터, 메이플 설탕, 메이플 태피 등 우리 농장에서는 여러 제품들을 만들어. 우리가 파는 것 중 이렇게 형태를 지닌 물건을 '재화'라고 해. 또 손님들이 마차를 타거나 태피를 만들도록 체험을 돕는 활동들도 있어. 이렇게 물건이 아니라 서비스를 제공하는 것을 '용역'이라고 한단다.

4문단 우리 농장은 만들어 파는 '재화'의 품질과 함께 손님들이 즐겁게 농장 경험을 하고 가도록 '용역'의 품질에도 신경을 쓰고 있어. 재화는 이미 만들어져 있지만, 용역은 그날그날 누가 제공하는지에 따라 자칫 달라질 수 있어. 그럼 손님마다 경험이나 만족하는 정도도 달라지겠지? 그래서 우리는 용역의 질도 언제나 똑같이 잘 유지하려고 노력하고 있어.

5문단 어때? 우리 농장으로 한번 놀러 와 보겠니? 이 방송이 흥미로웠다면, '좋아요'와 '구독'을 눌러 줘. 다음 주엔 우리 농장에서 먹어 볼 수 있는 캐나다 가정식에 대해 소개할 거야. 벌써부터 군침이 돈다고? 응, 절대 기대를 저버리지 않을 거야. 그럼 다음 주에 만나!

주목할 어휘
1 **농장** | 농사지을 땅과 농기구 따위를 준비해 농업을 하는 곳
2 **수액** | 나무에서 분비하는 끈적끈적한 액체
3 **졸이다** | 찌개, 국 등을 계속 끓여 물을 증발시킴

어휘

3 다음 지시에 따라 어휘를 학습해 보세요.

먼저 지문을 보면서 설명한 후 지문을 덮고 설명해 보세요.

(1) 지문에서 재화라는 단어를 찾아 ○표 하세요.

(2) 재화에 대한 설명을 찾아 밑줄 그으세요.

(3) 용역이라는 단어 역시 찾아 ○표 하고 밑줄 그으세요.

(4) 지문을 보지 않고 재화와 용역을 설명해 보세요.

재화: ....

용역: ....

사고력

4 다음 지시에 따라 재화와 용역을 구분해 보세요.

재화와 용역의 정의를 다시 한번 생각해 보세요.

(1) 다음 보기가 재화인지, 용역인지 구분해 쓰세요.

보기

딸기 따기	에어컨	쓰레기 분리 수거	고층 빌딩 창문 닦기
시계 수리	**양말**	**의자**	**쿠션**

(2) 여러분이 알고 있는 재화와 용역을 2가지씩 쓰세요.

재화의 예: ....

용역의 예: ....

사고력

5 다음 중 메이플 수액 : 메이플 시럽의 관계와 다른 관계를 고르세요. (　　　　)

단어의 순서에도 관심을 가져야 합니다.

① 설탕 : 탕후루

② 밀가루 : 빵

③ 쌀 : 비빔밥

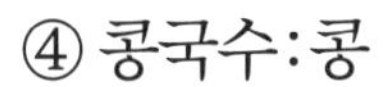

④ 콩국수 : 콩

⑤ 모래 : 모래성

배경지식

6 시급, 월급, 연봉의 차이를 설명하는 글을 쓰세요. QR코드를 이용해 영상을 시청한 후 메이플 시럽 만드는 방법을 정리해 보세요.

각자 조금씩 다르게 정리할 수 있습니다.

메이플 시럽 만드는 방법

1. 나무를

2. 나무에

118 물이 부족하다고?

과학기술 논설문

배경지식

1 물이 부족하면 벌어질 일을 상상해 쓰세요.

각각 물을 어디에 사용하는지 생각해 보세요.

1	가정	
2	농장	
3	공장	

질문

2 각 문단마다 질문하며 지문을 읽어 보세요.

(1) 1문단을 읽은 후 생기는 질문을 씁니다.

질문: ....

(2) 2문단을 읽은 후 생기는 질문을 씁니다.

질문: ....

(3) 3문단을 읽은 후 생기는 질문을 씁니다.

질문: ....

(4) 4문단을 읽은 후 생기는 질문을 씁니다.

질문: ....

(5) 5문단을 읽은 후 생기는 질문을 씁니다.

질문: ....

지문

물이 부족하다고?

1문단 우주에서 본 지구가 파란 이유는 바로 물 때문이에요. 그만큼 지구에는 물이 많지요. 게다가 수도꼭지만 틀면 물이 콸콸 쏟아져 나와요. 이런 것을 보면 물이 부족하다고 느끼기는 쉽지 않아요. 하지만 물 부족은 우리가 맞닥뜨린 아주 큰 환경 문제랍니다.

2문단 지구 표면의 2/3는 물이에요. 하지만 그중 97.5%는 바닷물로, 우리가 쓸 수 있는 민물[1]은 2.5%에 불과해요. 게다가 민물의 70%는 빙하나 만년설[2] 등의 얼음이에요. 갖다 쓸 수 없다는 의미지요. 이러니 실제로 우리가 쓸 수 있는 강이나 호수의 물은 지구 전체 물의 아주 일부분에 불과해요.

3문단 ㉠ ____________________. 인구 증가로 필요한 식량이 늘어나면서 전체 민물의 70% 정도가 농업용수[3]로 쓰이게 되었어요. 또 갈수록 많은 제품을 만들면서 공장에서 사용하는 물의 양도 증가하고 있지요. 지나치게 많은 물건을 생산하는 바람에 물은 물대로 부족해지고, 쓰레기는 쓰레기대로 나오는 악순환이 계속되고 있어요.

4문단 ㉡개발도상국 사람들은 물이 있어도 제대로 쓰지 못해요. 경제가 충분히 발전하지 못해 적절한 시설이 부족하기 때문이에요. 현재 세계 인구 중 12억 명 정도가 더러운 물을 마시고 있어요. 25억 명은 제대로 된 화장실이나 하수도가 없어서 물을 쉽게 오염시켜요. 공장에서 나온 중금속에 오염된 물은 땅, 생물, 사람을 병들게 하고요.

5문단 유엔에서는 2025년쯤이면 전 세계의 27억 인구가 물 부족으로 고통 받을 거라고 해요. 우리나라도 예외는 아니에요. ㉢우리나라 역시 물 부족 국가로, 여름을 제외하고는 가뭄이 심해요. 게다가 땅에 비해 인구가 많기 때문에 한 사람이 쓸 수 있는 물의 양이 적지요. 따라서 평상시에 우리나라 역시 물 부족 국가 중에 하나라는 걸 잊지 말고 늘 아껴 쓰는 버릇을 들여야 해요.

주목할 어휘

1 **민물** | 강이나 호수 따위와 같이 염분이 없는 물

2 **만년설** | 아주 추운 지방에서 언제나 녹지 않고 쌓여 있는 눈

3 **농업용수** | 농사에 필요하여 논밭에 대는 데 드는 물

어휘

3 다음 지시에 따라 ㉡개발도상국의 뜻을 추측해 보세요.

처음 보는 단어는 항상 단어 주변에서 힌트를 찾아야 합니다.

(1) 다음 문장 안에는 ㉡개발도상국의 뜻을 짐작할 수 있는 힌트가 있습니다.

> ㉡개발도상국 사람들은 물이 있어도 제대로 쓰지 못해요. 경제가 충분히 발전하지 못해 적절한 시설이 부족하기 때문이에요.

(2) 힌트가 될 만한 부분에 밑줄을 그으세요.

(3) 힌트를 이용하여 여러분이 생각하는 ㉡개발도상국의 뜻을 쓰세요.

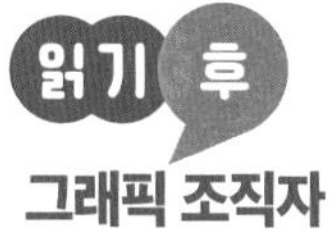

그래픽 조직자

4 보기의 단어를 아래 표에서 알맞은 위치에 쓰세요.

위의 단어가 아래에 있는 단어를 포함해야 합니다.

보기

바닷물 물 호수 만년설 민물

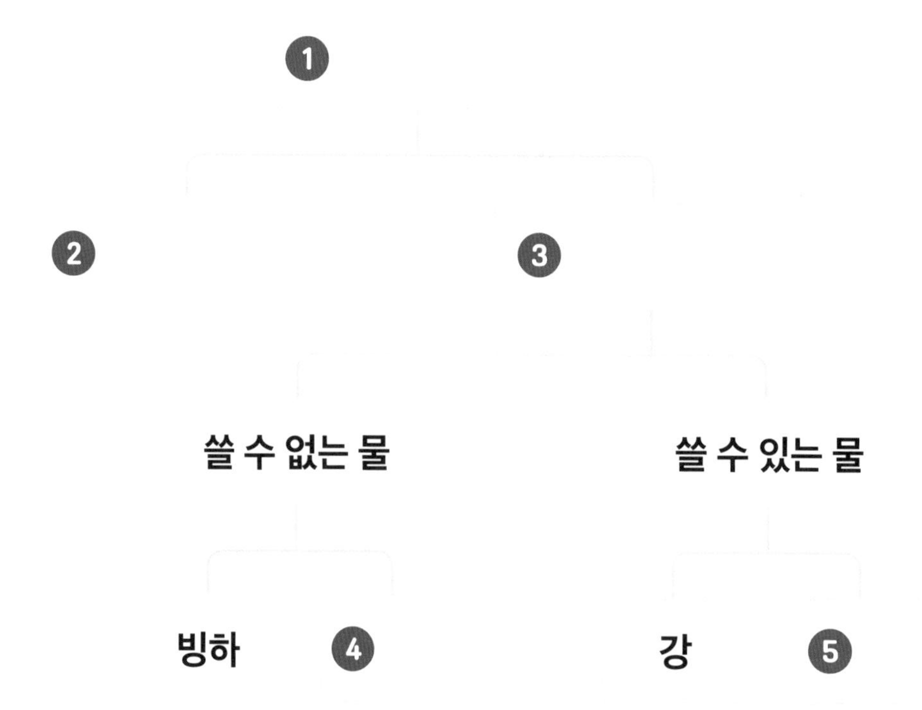

독해

5 다음 지시에 따라 ㉠에 들어갈 문장으로 알맞은 것을 고르세요.

(1) 하나의 문장은 앞 문장과 뒷 문장을 자연스럽게 이어야 합니다.

(2) 앞 문장과 뒷 문장을 통해 볼 때 ㉠에 들어갈 내용을 생각해 보세요.

아주 작은 양의 물만 사용 가능한데 인구가 증가한다면 어떤 말이 적당할까요?

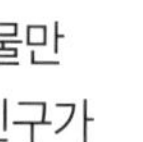

이러니 실제로 우리가 쓸 수 있는 강이나 호수의 물은 지구 전체 물의 아주 일부분에 불과해요.

㉠ ....

인구 증가로 필요한 식량이 늘어나면서 전체 민물의 70% 정도가 농업용수로 쓰이게 되었어요.

(3) ㉠에 들어갈 문장으로 알맞은 것을 고르세요. (   )

① 다행히 물 사용량은 점점 늘고 있어요.

② 하지만 물 사용량은 점점 늘고 있어요.

③ 그래서 물 사용량은 점점 늘고 있어요.

④ 안타깝게도 물 사용량은 점점 줄고 있어요.

⑤ 하지만 물 사용량은 점점 줄고 있어요.

사고력

6 다음 지시에 따라 주어진 문제를 해결하세요.

(1) ㉢에 따르면 우리나라는 여름을 제외하고 가뭄이 심하다고 합니다.

(2) 오른쪽은 3년 동안 비가 내린 양을 나타내는 그래프입니다.

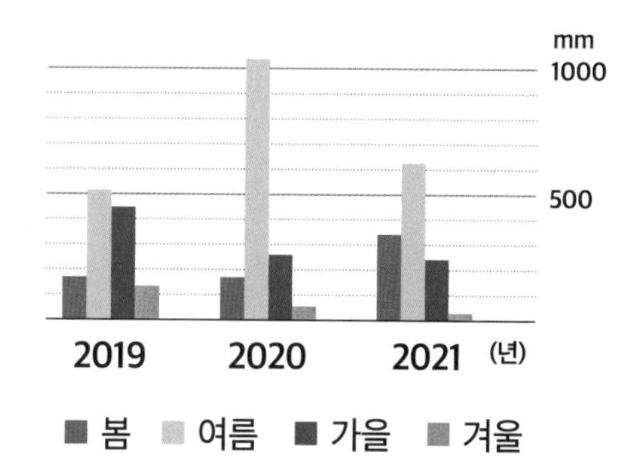

(3) 위 그래프를 참고하여 여름에 가뭄이 심하지 않은 이유를 설명하세요.

....

119 에이브러햄 링컨

배경지식

1 다음을 읽고 내용이 진실인지 거짓인지 골라 보세요.

내용	진실	거짓
링컨은 미국의 영화배우다.		
링컨은 사람들에게 많은 존경을 받았다.		
링컨은 노예 제도에 찬성했다.		

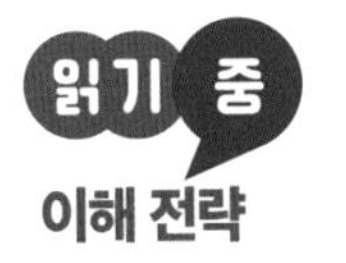

이해 전략

2 다음 지시에 따라 지문을 살펴보세요.

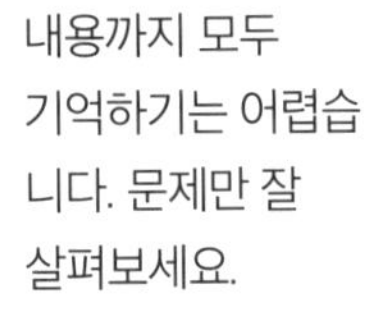

문제의 자세한 내용까지 모두 기억하기는 어렵습니다. 문제만 잘 살펴보세요.

(1) 글을 읽고 문제를 풀어야 할 때는 문제를 미리 살펴보면 좋습니다.

(2) 3번부터 6번까지의 문제를 살펴보세요.

(3) 무엇을 묻고 있는지 정리해 보세요.

(4) 문제를 염두에 두고 지문을 읽습니다.

지문

에이브러햄 링컨

1문단 링컨은 1809년에 미국 일리노이 주[1]에서 태어났다. 어머니는 링컨이 9살일 때 세상을 떠났다. 아버지는 링컨이 책을 읽으면 일하기 싫어 게으름을 부린다고 못마땅해 했다. 하지만 새어머니가 링컨을 감싸 주었다. 링컨은 도서관에서 빌린 수많은 책들을 읽으며 자랐다.

2문단 22살에 집을 떠나 가게 점원, 뱃사공, 프로레슬러 등 갖가지 일을 했다. 그러면서도 꾸준히 책을 읽었다. 1832년에 처음으로 나간 주의회 선거에서는 졌지만, 2년 뒤에 다시 도전해 당선되었다. 그리고 혼자 변호사 공부를 해서, 1837년에는 변호사 시험에 합격했다.

3문단 정치인으로서 사람들의 눈길을 끈 것은 1858년이다. 일리노이 주 상원의원 선거에서, 상대 후보와 달리 링컨은 노예[2] 제도에 대해 반대하는 의견을 당당히 밝혔다. 비록 선거에서는 졌지만, 링컨의 연설과 토론은 많은 사람들에게 깊은 인상을 남겼다.

4문단 1860년에는 미국 대통령으로 당선되었다. 링컨이 취임하고 한 달 뒤인 1861년 4월 12일에 남북 전쟁이 일어났다. 전쟁은 노예 제도를 유지하고자 하넌 남군이 노예 해방을 주장하는 북군을 공격하면서 시작되었다. 링컨은 1863년 노예 해방 선언을 발표하고, 1864년에는 대통령 선거에서 이겨 다시 당선되었다. 1865년 남북 전쟁은 4년 만에 북군의 승리로 끝났고, 노예 제도는 폐지되었다. 하지만 불과 며칠 뒤 연극을 보던 중, 남군을 지지하던 한 배우가 쏜 총에 맞아 세상을 떠나고 말았다.

5문단 링컨의 업적[3]은 크게 두 가지로 구분된다. 하나는 노예 해방을 통해 자유와 평등이라는 미국의 정신을 세운 것이다. 또 하나는 여러 주로 ㉠분열되어 언제 ㉡해체될지 모르는 미국을 하나로 단단히 ㉢통합한 것이다. 이로 인해 링컨은 미국에서 역대 최고의 대통령으로 평가되며 가장 존경받는 인물이 되었다. 그러나 쉽게 얻은 것은 하나도 없었다. 링컨은 온 생애를 통해 수많은 어려움과 실패 속에서 끝없이 도전했고, 더 큰 가치를 이루기 위해 끈질기게 싸웠다.

주목할 어휘
1 **주** | 우리나라의 도(경기도, 경상도)와 비슷한 행정 구역
2 **노예** | 남의 소유물이 되어 부림을 당하는 사람
3 **업적** | 어떤 사업이나 연구 따위에서 세운 공적

어휘

세 단어는 서로
밀접하게
연결되어 있습니다.

3 다음 지시에 따라 ㉠, ㉡, ㉢의 뜻을 추측해 보세요.

(1) 다음 문장으로 볼 때 ㉢통합의 뜻은 무엇이라고 생각하나요?

미국을 하나로 단단히 ㉢통합하였다.

(2) 다음 문장으로 볼 때 ㉡해체의 뜻은 무엇이라고 생각하나요?

언제 ㉡해체될지 모르는 미국을 하나로 단단히 ㉢통합하였다.

(3) 다음 문장으로 볼 때 ㉠분열의 뜻은 무엇이라고 생각하나요?

여러 주로 ㉠분열되어 언제 ㉡해체될지 모르는 미국을 하나로 단단히 ㉢통합하였다.

통합 .... 해체 .... 분열 ....

독해

4 각 문단의 내용에 맞게 제목을 지어 보세요.

1문단	링컨의 어린 시절
2문단	정치를 시작한 링컨
3문단	
4문단	
5문단	

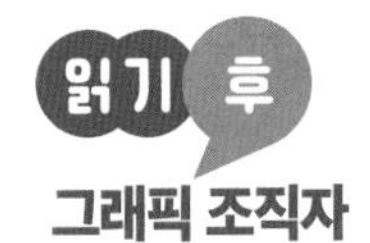

그래픽 조직자

5 링컨의 일생을 다음 표에 정리하세요.

연도(년)	한 일
1809년	
	주 의회 선거에 나갔으나 패배함
1834년	
	변호사 시험에 합격
1858년	
	미국 대통령으로 당선됨
1863년	
	미국 대통령 선거에서 이겨 다시 당선됨
1865년	
	남군을 지지하던 배우의 총에 맞아 사망

쓰기

6 다음 지시에 따라 여러분의 생각을 글로 쓰세요.

(1) 링컨은 당시에는 당연하게 생각하던 노예 제도를 없애는 데 성공했습니다.

(2) 여러분은 지금 우리 사회에서 무엇을 없애야 한다고 생각합니까?

(3) 무엇을 없애야 하는지 다른 사람을 설득하는 글을 쓰세요.

여러분이 대통령이라고 생각해 보세요. 칸이 부족하니 노트에 써도 좋습니다.

120 코로나19는 왜 발생했을까?

배경지식

1 다음 지시에 따라 코로나19 당시의 모습을 설명해 보세요.

(1) 코로나19가 있었을 때 우리의 삶은 어땠나요?

(2) 그때 당시의 모습을 떠올려 글로 쓰세요.

(3) 잘 알지 못한다면 부모님께 여쭤 보세요.

•

이해 전략

2 다음 지시에 따라 지문을 살펴보세요.

(1) 글을 읽고 문제를 풀어야 할 때는 문제를 미리 살펴보면 좋습니다.

(2) 3번부터 6번까지의 문제를 살펴보세요.

(3) 무엇을 묻고 있는지 정리해 보세요.

(4) 문제를 염두에 두고 지문을 읽습니다.

지문

코로나19는 왜 발생했을까?

1문단 2019년 12월 중국에서 코로나 바이러스 감염증이 발생했어요. 코로나19는 기존에는 없던 완전히 새로운 호흡기 감염 질환이었어요. 호흡기 감염 질환이란 ㉠ ______________________. 2023년 6월 감염병 위기 경보[1]가 '심각'에서 '경계'로 낮아지기까지 사람들은 외출도 제대로 하지 못했는데요. 지난 몇 년간 우리를 모두 힘들게 했던 코로나19, 이런 병이 생긴 이유는 무엇이고, 다시 이런 일이 없도록 하려면 어떻게 해야 할까요?

2문단 20세기 이후에 나타난 새로운 감염병에는 사스, 메르스, 에볼라 등이 있어요. 이들 대부분은 낙타나 박쥐 등 동물의 몸에서 볼 수 있던 평범한 바이러스에서 시작되었어요. 하지만 이 바이러스가 돌연변이를 일으키며 사람에게 전염되어 코로나19 같은 사태가 생겼던 거예요.

3문단 동물의 병이 사람들에게 전염되는 일이 잦아진 데는 이유가 있어요. 우선 동물들이 사람들이 사는 곳과 가까운 곳으로 와서 살게 된 것이 첫 번째 원인이에요. 숲이 파괴되면서 동물들이 사는 서식지[2]가 줄어들었기 때문이지요. 지구 온난화로 인해 바이러스를 옮기는 여러 곤충들이 더 넓은 지역에서 활동하게 된 것이 두 번째 원인이에요. 동물의 병을 사람에게 옮기는 모기, 진드기 등은 대체로 따뜻한 지역을 좋아하거든요.

4문단 어떤 사람들은 질병의 원인이 되는 박쥐나 모기 등을 아예 없애면 되지 않겠냐고 해요. 하지만 그런 생물을 없애 생태계의 균형을 파괴하는 것은 더 나쁜 결과를 가져올 수도 있어요. 생태계는 서로 긴밀하게[3] 연결되어 있어서 하나의 생물이 멸종했을 때 다른 생물들에게 어떤 일이 일어날지 알 수 없어요. ㉡그렇게 했을 때 우리가 상상하지 못한 엄청난 일들이 생길지도 몰라요.

5문단 코로나19와 같은 새로운 감염병이 발생하는 것을 막기 위해서는 무엇을 해야 할까요? ㉢우선 생물들이 살 수 있는 곳을 확보해 줘야 해요. 그랬을 때 동물들이 사람들과 거리를 두고 살아갈 수 있습니다. ㉣또 ______________________.

주목할 어휘
1 **경보** | 위험이 다가올 때 경계하도록 미리 알리는 일
2 **서식지** | 생물 따위가 일정한 곳에 자리를 잡고 사는 곳
3 **긴밀하다** | 서로의 관계가 매우 가까워 빈틈이 없음

어휘

글자를 잘라
호흡, 기, 감염,
질환을 각각 생각해
보세요.

3 다음 지시에 따라 ㉠에 들어갈 내용을 쓰세요.

(1) ㉠은 호흡기 감염 질환을 자세히 설명하는 내용입니다.

(2) 호흡기 감염 질환이라는 단어를 잘 살펴보세요.

(3) 코로나19가 발생했던 당시를 잘 떠올려 보세요.

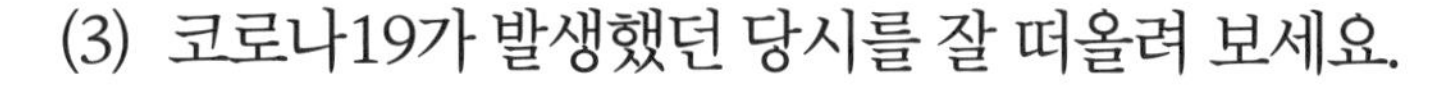

(4) ㉠에 들어갈 내용을 쓰세요.

호흡기 감염 질환이란 ㉠ ....

독해

4 4문단의 ㉡그렇게 했을 때가 뜻하는 것으로 바른 것을 고르세요. (　　　)

① 코로나19에 걸렸을 때

② 감염병 위기 경보가 '심각'에서 '경계'로 낮아졌을 때

③ 동물들이 사람과 가까운 곳에서 살게 되었을 때

④ 지구 온난화가 발생했을 때

⑤ 질병의 원인이 되는 동물을 아예 없앴을 때

사고력

5 다음 지시에 따라 내용을 간단히 설명해 보세요.

(1) 다음 내용을 설명하려고 합니다.

> 기후 온난화로 인해 바이러스를 옮기는 여러 곤충들이 더 넓은 지역에서 활동하게 된 것이 두 번째 원인이에요. 동물의 병을 사람에게 옮기는 모기, 진드기 등은 대체로 따뜻한 지역을 좋아하거든요.

(2) (1)의 내용을 설명하는 다음 문장을 알맞은 순서대로 번호를 쓰세요.

1번을 원인으로 다음에는 어떤 일이 생길지 생각해 보세요.

기후 온난화가 발생함	1
코로나19 같은 감염병이 더 자주 발생하게 됨	
따뜻한 지역을 좋아하는 모기, 진드기가 더 넓은 지역에 살게 됨	
많은 지역이 따뜻해짐	
모기, 진드기가 동물의 병을 사람에게 더 많이 옮기게 됨	

쓰기

6 다음 지시에 따라 ㉣에 들어갈 내용을 쓰세요.

(1) 5문단은 코로나19 같은 감염병 발생을 막는 방법에 관한 내용입니다.

(2) 코로나19 같은 감염병 발생의 원인은 3문단에 나와 있습니다.

(3) 원인을 반대로 생각하여 예방하는 방법을 찾습니다.

(4) 첫 번째 방법인 ㉢을 참고하세요.

(5) 두 번째 방법을 2문장 이상으로 표현해 보세요.

㉣ 또

· 정답 · 예시 ·

91 좋은 지방도 있을까?

1 거짓, 진실, 진실

3 수용성 비타민

4

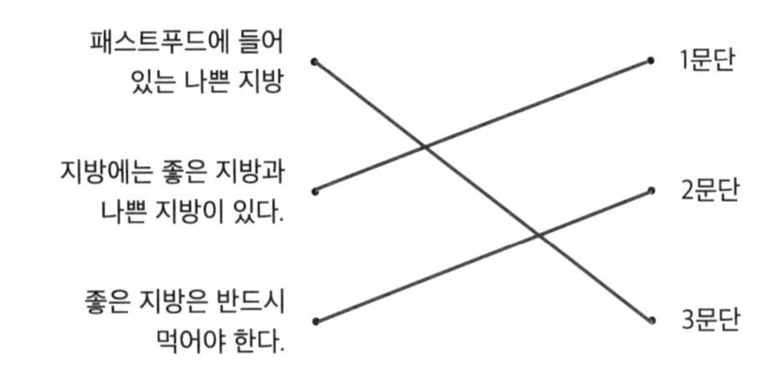

5

	좋은 지방	나쁜 지방	
이름	불포화지방산, 필수 지방산	포화지방산	트랜스지방산
음식	식물성 기름, 견과류, 생선 기름	고기, 소시지, 햄, 라면	팝콘, 도넛, 냉동 튀김, 비스킷
작용	• 세포막과 호르몬 만들기	• 심장병, 암, 당뇨병 원인	
	• 뇌 발달	• 면역력을 낮춤	
	• 지용성 비타민 흡수	•	
	• 에너지원	•	

92 수렴청정

1 발을 드리우고 정사를 듣는다.

3 앞으로 왕이 되기로 정해진 왕의 아들

5 수렴청정이란 왕이 너무 어릴 때 왕의 어머니 혹은 할머니가 대신 정치를 해 주던 제도이다. 왕이 스스로 나랏일을 돌볼 수 있는 나이가 되면 끝난다. 다만, 왕의 힘이 약해지거나 왕의 외가 친척들이 권력을 마구 휘두르는 문제가 발생하기도 했다.

6
- 한 명이 아니라 여러 명이 함께 수렴청정을 한다.
- 수렴청정을 끝내는 나이를 정해 둔다.
- 수렴청정을 할 때 관리들이 내용을 검토한다.

93 줄기세포를 이용한 치료

3

	내가 생각한 뜻	그렇게 생각한 이유
줄기세포	몸의 어떤 조직으로도 발달할 수 있는 세포	1문단에 나와 있음
난치병	병의 한 종류	'병'이기 때문에

마비	움직이지 못함	마비되었던 몸을 다시 움직일 수 있게 되었다고 했기 때문
조직	우리 몸에 있는 어떤 부분들	'몸의 어떤' 조직으로라고 했기 때문
세포	조직을 이루는 작은 부위	조직으로 발달한다고 했기 때문
수정란	엄마 배 속에서 아기로 자라는 어떤 것	바로 앞에 나옴
장기	심장이나 폐처럼 우리 몸 속에 있는 부위	심장이나 폐 등의 장기로 발달한다고 했기 때문

4

장점	단점	흥미로운 점
고치기 힘든 병을 고칠 수 있음	제대로 기능하지 않거나 암세포로 발전하기도 함	앞으로 다양한 치료법이 나올 가능성이 많음

5 식물의 줄기는 잎이나 꽃으로 변한다. 줄기세포도 또 다른 세포의 모습으로 변할 수 있다는 특징을 갖고 있기 때문에 줄기세포라고 부른다.

94 법과 관련한 직업

2 변호사는 법을 잘 모르는 일반인을 대신해 법률 행위를 해요.
판사는 재판을 진행하고 판결을 내려요.

3

ㅂ ㅈ	ㅂ ㅈ	ㅅ ㅅ	ㅈ ㅍ	ㅈ ㄱ
법 정	범 죄	수 사	재 판	증 거

ㅂ ㄹ ㅎ ㅇ	ㅍ ㄱ	ㅈ ㅇ
법 률 행 위	판 결	징 역

4 ①, ④

95 모차르트의 삶과 음악

3

작가 (○)	전문가 (○)	가족 (×)	미식가 (○)
가속 (×)	차가 (×)	화가 (○)	가축 (×)

4 ②

5 (1) 1. 어려서부터 음악에 재능을 보였다.
2. 아홉 살때 처음 교향곡을 작곡했다.
3. 너무 어려서 일자리를 얻지 못했다.
4. 빈에서 작곡가로 성공을 거두었다.
5. 서른다섯 살의 젊은 나이에 세상을 떠났다.

(3) 모차르트는 아홉 살때 처음 교향곡을 작곡하는 등 어려서부터 음악에 재능을 보였다. 하지만 서른다섯 살이라는 젊은 나이에 세상을 떠났다. 음악을 듣기만 할 나이인 아홉 살에 작곡을 했다는 점이 너무나 놀랍다. 하지만 일찍 재능을 보인 만큼 일찍 세상을 떠나버려 너무나 아쉽다. 모차르트가 좀 더 오래 살았다면 또 어떤 곡을 만들었을지 궁금하다.

96 곰팡이로 만든 약

3 ③

4

수백 년 전		현재
아이들의 절반 정도가 10살 전에 죽었다.	→	10살 전에 죽는 아이들이 매우 드물어졌다.
어른이 되어도 일찍 죽는 경우가 많았다.		평균 수명이 80세를 넘었다.
병에 걸리면 치료할 수 있는 방법이 없었다.		페니실린의 발명으로 수많은 질병을 치료할 수 있게 되었다.

5 지문에서 플레밍을 포함한 많은 학자들이 연구 중이었다고 언급했기 때문이다. 중요하지 않았다면 플레밍과 많은 학자들이 연구하지 않았을 것이다.

6 박사님, 감사합니다. 박사님이 발견한 페니실린 덕분에 많은 사람들이 목숨을 구할 수 있었습니다. 이제 10살 이전에 죽는 아이는 거의 없어졌지요. 그리고 평균 수명은 80세가 넘었어요. 박사님이 아니었다면 아직도 많은 사람들이 미생물로 고통 받고 있을 거예요. 정말 감사합니다.

97 습지는 어떤 역할을 할까?

2 습지의 역할 찾기

3 (1) 젖은 땅
(2) 물과 땅을 연결하고 있어서 축축하게 젖은 땅이다.

4 • 습지에는 매우 다양한 생물이 살고 있다.
• 습지는 자연을 보호하는 역할도 한다.

5

습지의 역할

2문단	3문단
• 매우 다양한 생물이 산다	• 자연을 보호하는 역할을 한다.
• 바다 생물의 60퍼센트가 산다.	• 홍수나 가뭄이 나면 댐 역할을 한다.
• 바다 생물을 먹이로 하는 새들이 산다.	• 물을 정화해 준다.

6 습지가 없어진다면 많은 동식물이 죽게 될 것이다. 바다 생물의 60퍼센트 정도가 죽고, 바다 생물을 먹이로 삼는 새들도 죽을 것이다. 또한, 홍수와 가뭄은 더욱 심해지고, 오염된 물이 잘 정화되지 않아 자연이 파괴될 것이다.

98 나사(NASA)에서 한국 어린이들에게

3 기지

4 • 사람을 우주로 보내는 유인 우주선 사업
• 사람이 타지 않는 무인 우주선 사업
• 화성 탐사
• 국제 우주 정거장 운영
• 달에 기지 세우기
• 일반인의 우주여행을 돕는 우주 탐사 사업

5 ③

99 세계의 랜드마크

2 1문단 - 요즘엔 어떤 곳을 대표하거나 상징하는 건물, 조형물, 지형 등을 뜻한다.
2문단 - 중국의 만리장성은 길이가 2,700km에 이르는 세계 최대 건축물로, 우주에서도 보인다고 한다.
3문단 - 미국에는 프랑스가 19세기 말 미국의 독립 100주년을 축하하기 위해 선물한 자유의 여신상이 있다.
4문단 - 남미로 가면 페루의 마추픽추가 있다.
5문단 - 유럽에서는 이탈리아의 콜로세움을 꼽을 수 있다.
6문단 - 호주 시드니의 오페라 하우스도 유명하다.

3 (2) 4문단
(4) • 먹방 유튜버들이 그렇게 많이 먹을 수 있는 것은 불가사의다.
• 평소보다 더 열심히 공부했는데, 시험에서 0점을 받은 것은 불가사의다.

4

랜드마크의 이름은 무엇인가요?	자유의 여신상
어느 나라에 있나요?	미국
누가 주었나요?	프랑스
왜 주었나요?	독립 100주년을 축하하기 위해
언제 주었나요?	19세기 말

5

국가	랜드마크	특징
중국	만리장성	길이가 2,700km에 이르는 세계 최대 건축물이다.
미국	자유의 여신상	머리에는 7개의 대륙을 뜻하는 뿔이 달린 왕관을 쓰고 있으며 오른손에는 횃불을, 왼손에는 독립선언서를 들고 있다.
페루	마추픽추	안데스 산맥 위에 있으며 20톤이 넘는 돌을 깎아 만들었다.
이탈리아	콜로세움	맹수 사냥, 검투사 시합 등 경기 혹은 연극 공연이 열렸던 원형 경기장이다.
호주	오페라 하우스	한 해에 3,000회가 넘는 공연이 열린다.

100 조선 시대를 대표하는 풍속화가

3 (1) 이번 전시회에서는 조선 시대 백성들이 살아가는 모습을 실감나고 재미있게 담은 그림들을 만나 볼 수 있다.
(2) ②

4 ③

5 (2) 달빛이 비치는 조용하고 신비한 밤 풍경을 배경으로 사랑하는 두 사람의 감정이 섬세하게 표현되어 있다.
(3) ②

6 김홍도는 조선 사람들의 꾸밈없는 생활과 산골 풍경을 단순하고 재미있게 그렸다. 반면, 신윤복은 양반의 생활과 기생과의 사랑을 낭만적이고 섬세하게 다루었다.

101 애기살

3 ④

4 ①

5

1	거의 500미터를 날아간다.
2	위력이 일반 화살보다 훨씬 세다.
3	가까운 거리에서는 한 번에 2명을 쓰러뜨릴 수 있다.
4	먼 곳에서도 갑옷을 뚫을 수 있다.
5	활을 쏘았는지 알기 어렵다.
6	속도가 빨라 피하기도 어렵다.

5 (1) 레드오션
(2) 블루오션
(3) 퍼플오션

6 의견 - 계속해서 새로운 아이디어를 내고 신제품을 만들어야 한다.
근거 - 어떤 새로운 물건을 만들어도 시간이 지나면 모두 경쟁이 심해지기 때문이다.

102 블루오션, 레드오션, 퍼플오션

1 파랑, 빨강, 보라, 바다
파란 바다, 빨간 바다, 보라 바다

2 반대로 레드오션은 아주 경쟁이 심한 시장을 뜻해요.
이미 경쟁자가 많은 레드오션에 새로운 아이디어를 넣어 블루오션을 만드는 방법을 찾기도 해요. 이를 퍼플오션이라고 해요.

3

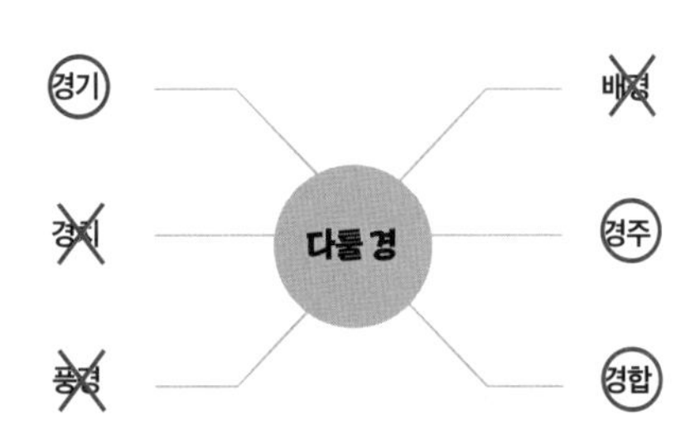

4

	블루오션	레드오션	퍼플오션
원래 뜻	파란 바다	붉은 바다	보라 바다
진짜 뜻	경쟁이 없는 시장	경쟁이 심한 시장	경쟁이 심한 시장에 새로운 아이디어를 넣어 블루오션을 만드는 것
예시	세탁기만 있던 시절의 건조기	청소기	물걸레 청소기

103 원자력 에너지의 두 얼굴

3 ① 화석 에너지
② 대체 에너지
③ 원자력 에너지

4 ⑤

5

장점	단점
• 우라늄 1킬로그램으로 석탄 300톤에서 얻을 수 있는 에너지와 비슷한 양의 에너지를 얻을 수 있다.	• 사고가 날 경우 주변에 엄청난 피해를 끼친다.
• 이산화탄소를 내보내는 양이 적어 환경이 덜 오염된다.	• 동식물은 물론 사람도 죽거나 다친다.
	• 핵폐기물은 없애기도 힘들고 보관하기도 힘들다.

104 돈을 마구 찍어낸다면?

3 재산, 황금, 보화, 금품

4 돈을 만들 때 판화 기법을 사용하기 때문이다. 돈 모양의 판화에 잉크를 묻힌 뒤 종이에 찍어 돈을 만든다. 그래서 돈을 찍는다고 표현한다.

5 모두가 큰돈을 가진 부자가 됨
물건 가격이 오름

6 인플레이션은 물건의 가격이 오르는 현상으로, 시장에 물건보다 돈이 더 많을 때 생긴다. 예를 들어, 사람들이 가진 돈이 많으면 원래 천 원이었던 빵이 2천 원으로 올라도 사게 된다. 결국 전체적인 물건의 가격이 오르게 되는 것이다.

105 게임을 줄여야 하는 이유

3 ⑤

4

게임을 줄여야 하는 이유
- 건강에 나쁘다.
- 사람들과의 관계에 문제가 생길 수 있다.
- 실제 생활을 소홀히 하게 된다.
- 다양한 경험을 할 수 있는 기회가 줄어든다.

5 ②

106 건조한 얼음이 있을까?

1 드라이아이스

3 냉동한 음식을 넣어 두는 공간
냉동한 음식을 배달하는 트럭
음식을 냉동하는 기계
냉동한 상태의 음식

4 기체, 액체, 고체

5 ③

6

물질의 상태	고체	액체	기체
특징	• 모양이 정해져 있다. • 손으로 잡을 수 있다. • 예: 장난감, 가방, TV	• 모양이 변한다. • 손으로 잡을 수 없다. • 물, 음료수	• 모양이 일정하지 않다. • 눈에도 보이지 않는다. • 산소, 헬륨가스

107 받는 돈에도 이름이 있다

3 시급, 연봉, 월급

4 삼촌에게 용돈을 받고 싶어서
달라고 하지 못했다.
삼촌도 돈이 없는 것 같아서
삼촌이 눈치를 채서

5 ④

6 시급, 월급, 연봉은 모두 일을 하고 받는 돈입니다. 다만 얼마 만큼의 시간을 기준으로 계산하느냐에 따라 다릅니다. 시간당 받는 돈은 시급, 한 달마다 받는 돈은 월급이라고 합니다. 그리고 이것을 일 년 기준으로 생각하면 연봉이 됩니다.

108 나노 기술이 바꿀 미래

1

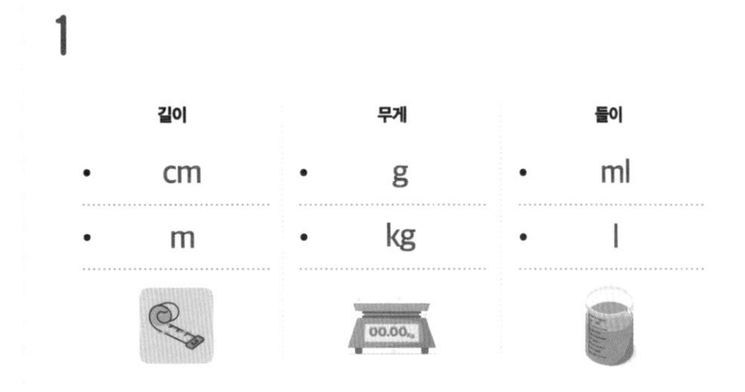

3 ③

4 (1) 2문단, 3문단, 1문단
(2) 질병 치료에 사용될 나노 기술

5 ④

6 (1) 1문단
(2) 나노 기술은 아주아주 작은 크기의 물질을 일상생활이나 산업에 쓸 수 있도록 하는 기술을 말해요.
(3) 1나노미터는 1미터를 10억 개로 나눈 것과 같을 정도로 작은 크기입니다.
(4) 나노 기술이란 1미터를 10억 개로 나눌 정도로 작은 크기의 물질을 일상생활이나 산업에 쓸 수 있도록 하는 기술을 말해요.

109 보이콧 당한 보이콧

3

4 ① 다른 사람의 땅을 빌려 농사를 짓는 사람
② 다른 사람의 땅을 빌린 후 내는 돈

5 ① 보이콧 ② 거부 ③ 영국 ④ 흉년 ⑤ 소작료
⑥ 아일랜드

6 동포 여러분. 우리는 지금 굶어 죽을 위기에 처해 있습니다. 흉년이 들어 제대로 농사가 되지 않기 때문이죠. 그런데 보이콧은 우리에게서 모든 것을 빼앗고 있습니다. 이제 우리도 무언가를 해야 합니다. 보이콧에게 아무것도 제공하지 맙시다. 식당에서는 음식을 팔지 말고, 우편부는 우편을 배달하지 마세요. 아무것도 제공하지 않으면 보이콧은 더 이상 버티기 힘들 것입니다.

110 너희가 힙합을 아느냐?

1

3 (1) 디제이는 '디제이가 노래를 틀 때'라는 부분을 통해 디제잉을 하는 사람을 뜻한다는 걸 알 수 있다.
(2) 래퍼는 '오늘날의 래퍼들 역시 슬픔과 분노 등을 노랫말에 담아 빠르게 뱉어낸다'라는 부분을 통해 랩을 하는 사람을 뜻한다는 걸 알 수 있다.

4 디제잉, 브레이크 댄스, 랩, 그라피티

5 ①

111 우리 태양계 속 다양한 별

1 수성, 금성, 지구, 화성, 목성, 토성, 천왕성, 해왕성

2 아침이 되면 태양이 뜨고 / 밤이 되면 달이 떠요. / 고개를 들어 하늘을 보면 늘 볼 수 있는 태양과 달은 / 우주에 존재하는 물체인 천체 중 하나에요. / 가끔 운이 좋으면 볼 수 있는 금성과 / 우리 지구 역시 / 모두 천체이지요. / 우리 지구가 속해 있는 태양계의 천체들에 대해 알아볼까요?

3

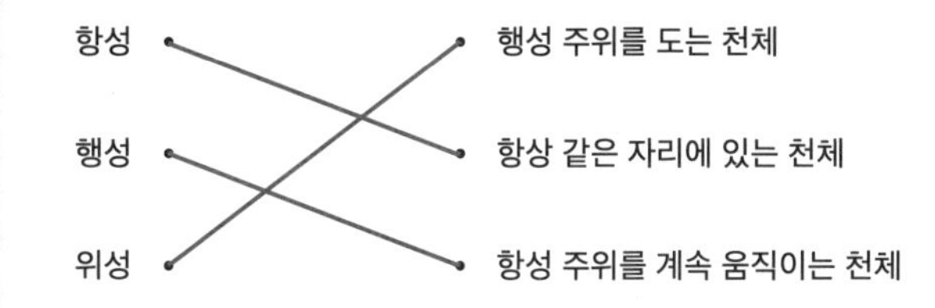

4 항상

5 • 어떻게 스스로 빛을 낼까?
• 스스로 빛을 내는 것 외에 또 어떤 특징이 있을까?
• 자신의 주위를 도는 천체에 어떤 영향을 미칠까?

112 반갑지 않은 손님, 황사

1 거짓, 진실, 진실

3 귀, 코, 목구멍을 진료한다. 예를 들어 귀에 염증이 생기거나 콧물이 나고, 목이 부었을 때 치료한다.

4 ① 창문을 잘 닫고, 되도록 외출이나 야외 활동을 하지 않는다.
② 꼭 나가야 할 때는 긴소매 옷을 입고 마스크와 모자, 안경 등을 착용한다.
③ 외출 후 집에 들어오기 전에 몸의 먼지를 잘 털어 준다.
④ 집에 돌아오면 바로 손발을 잘 씻는다.
⑤ 눈과 코의 먼지를 식염수로 씻어 낸다.
⑥ 물을 충분히 마신다.
⑦ 황사 주의보가 해제되면 창문을 열고 충분히 환기해 준다.

5 ③

113 슈퍼박테리아가 나타났다!

1 (2) 굉장히 강한 남자
(4) 굉장히 강한 세균

3 ①

4 ④

5

내용	문단
슈퍼박테리아가 나오게 된 원인	1
박테리아와 세균의 공통점과 차이점	X
슈퍼박테리아라는 문제를 해결하기 위한 방법	4
항생제 사용을 주의해야 한다는 주장	X
슈퍼박테리아가 무엇인지에 대한 설명	2

6
- 1문단: 항생제란 세균을 없애거나 못 자라도록 막는 약이다.
- 2문단: 항생제가 전혀 듣지 않는 슈퍼박테리아가 생겨났다.
- 3문단: 슈퍼박테리아는 항생제에 익숙해진 중환자들 사이에서 주로 생긴다.
- 4문단: 슈퍼박테리아를 없애는 새로운 치료법을 찾고 있다.

114 어떤 시설이 들어올까?

2 사람들이 싫어하는 시설이 자기 마을에 생기는 것을 반대하는 현상을 → 님비

어떤 시설은 서로 자기 마을에 생기도록 앞다투어 노력하는 경우는 → 핌피

4 (1) 1문단

(2) - 자기 마을만 생각하는 행동

(3) + 민주주의가 발달했다는 증거

\+ 마을 사람들의 건강에 해를 끼칠 수도 있다면 꼼꼼히 살펴볼 문제

5 (1) ① O ② X ③ X

(2) 님비와 핌피는 문제가 되기 때문에 반드시 사라져야 한다. → 긍정적인 측면도 있다.

님비와 핌피는 영어 문장에서 마지막 글자를 따서 만들었다. → 첫 글자

115 야구 감독이 유니폼을 입는 이유

2 첫 번째, 두 번째, 세 번째

3 (2) 어떤 일을 동시에 하는 것

(3) 선수도 하고 감독도 한다고 했기 때문에

4

야구 감독이 유니폼을 입는 이유

- 야구가 처음 만들어질 당시에는 선수가 감독을 겸임했기 때문에
- 감독과 선수가 한 팀이라는 사실을 강조하기 위해서
- 야구 감독은 다른 종목과 달리 경기장에 들어갈 때가 있기 때문에

5 ②

6 문제: 감독이 양복을 입는 운동경기는?

답: 축구나 배구, 농구

문제: 야구 감독이 경기장 안으로 들어가는 이유는?

답: 투수를 바꾸거나 흔들리는 투수를 격려하기 위해

116 유전자 재조합 식품이 뭘까?

1 진실, 거짓, 거짓

3

음식	식당	지식	식사
○	○	×	○
의식주	결혼식	간식	식물
○	×	○	×

4 (2) 식재료 안정성이란 음식 재료의 안전한 성질을 뜻해요.
(4) 유전자 재조합 식품이란 유전자를 사람이 일부러 바꾼 식품을 말해요.

5 알 수 없다.
아직 확실한 연구 결과가 없기 때문

6 나는 유전자 재조합 식품이 안전하지 않다고 생각한다. 우리 몸에 어떤 영향과 변화를 일으킬지 알 수 없기 때문이다. 그래서 나는 되도록 유전자 재조합 식품을 먹지 않을 것이다.

117 재화와 용역

1

• 택배 배달	• 초콜릿
• 집짓기	• 핸드폰
• 고구마 캐기	• 화분
• 말 타기 체험	• 쓰레기통
• 청소	• 자동차
사람이 하는 일	물건

3 재화: 형태를 지닌 물건
용역: 물건이 아닌 서비스

4

딸기 따기	에어컨	쓰레기 분리 수거	고층 빌딩 창문 닦기
용역	재화	용역	용역
시계 수리	양말	의자	쿠션
용역	재화	재화	재화

5 ④

6 1. 나무를 드릴로 뚫어 구멍을 냄
2. 나무에 관을 꽂아 수액을 받음
3. 평평한 팬에 수액을 부음
4. 수액을 끓여 졸임

118 물이 부족하다고?

1

1	가정	밥을 짓지 못한다.
2	농장	농작물이 말라 죽는다.
3	공장	물이 필요한 제품을 만들지 못한다.

3 (2) 경제가 충분히 발전하지 못해
(3) 경제가 충분히 발전하지 못해서 적절한 시설이 마련되지 못한 나라

4

❶ 물

❷ 바닷물 ❸ 민물

쓸 수 없는 물 쓸 수 있는 물

빙하 ❹ 만년설 강 ❺ 호수

5 ②

6 여름에는 다른 계절에 비해 비가 많이 와서

5

연도(년)	한 일
1809년	미국 일리노이 주에서 태어남
1832년	주 의회 선거에 나갔으나 패배함
1834년	주 의회 선거에 나갔으나 패배함
1837년	변호사 시험에 합격
1858년	노예 제도에 반대하는 의견을 밝혀 사람들에게 깊은 인상을 남김
1860년	미국 대통령으로 당선됨
1863년	노예 해방 선언을 발표함
1864년	미국 대통령 선거에서 이겨 다시 당선됨
1865년	남북 전쟁에서 승리함
1865년	남군을 지지하던 배우의 총에 맞아 사망

119 에이브러햄 링컨

1 거짓, 진실, 거짓

3 (1) 통합: 하나가 됨
(2) 해체: 단체 따위가 여럿으로 흩어짐
(3) 분열: 찢어져 나뉨

4

1문단	링컨의 어린 시절
2문단	정치를 시작한 링컨
3문단	노예 제도를 반대한 링컨
4문단	미국 대통령으로 당선된 링컨
5문단	링컨이 미국인에게 존경받는 이유

120 코로나19는 왜 발생했을까?

3 호흡을 통해 다른 이에게 옮겨지는 병을 뜻해요.

4 ⑤

5

기후 온난화가 발생함	1
코로나19 같은 감염병이 더 자주 발생하게 됨	5
따뜻한 지역을 좋아하는 모기, 진드기가 더 넓은 지역에 살게 됨	3
많은 지역이 따뜻해짐	2
모기, 진드기가 동물의 병을 사람에게 더 많이 옮기게 됨	4

6 지구 온난화를 막기 위해 노력해야 합니다. 그래야 동물의 병을 사람에게 옮기는 모기, 진드기가 사는 지역이 더 이상 넓어지지 않을 것입니다.